凶鳴怪談 呪憶

岩井志麻子／徳光正行

竹書房
怪談
文庫

目次

岩井志麻子
Shimako Iwai

別々の

息子の友達のケイくんが、生まれて初めて幽霊に遭ったと、興奮しながら話してくれた。

夜、彼は自分の部屋で寝ていて、ふっと目が覚めると枕元に誰かの気配を感じ、瞬時に妙だなとも気づいた。彼は頭をほぼ壁にくっつけて寝ていて、つまり頭と壁の間に人が座れる隙間はないのだ。なのにそいつは、ケイくんをのぞき込むようにしている。

このような場合のお約束として、彼は金縛りに遭っていた。身動きが取れないままもがいていたら、今度は何かが腹の上にいるのを感じた。足を広げ、彼をまたいで座っている。さすが幽霊、といっていいのか、重量を感じさせない。

ちなみに電気も消していて、ケイくんも目をつぶっていて、二重の闇の中にいた。だからその怪しい頭上の上半身も、腹の上の下半身もまったく見えないのに。

「なんでか、同一人物だとわかったんです。男だ、というのも」

普通は頭の上と腹の上とで別々に存在できないが、そこは幽霊だ。物の怪だ。人ではない。だから、そういう真似ができたのだろう。

「これまた、ふっといつの間にかどちらも消えていて、ぼくは寝てしまっていました」

朝の光の中で目覚め、あれはなんだったんだ、嫌な夢を見たなぁ、と夢で片づけておくことにし、いつものように最寄り駅のホームに立ったら。

「人身事故、発生。ぼくは見なかったけど、数メートル先で男が飛び込んだんです」

そのときもケイくんは金縛りに遭ったかのように、悲鳴と騒ぎの中に固まって立っていた。誰かが、真っ二つだって、などといっていた。

別の路線の電車に乗り換えた彼は、さっきの事故を検索した。いろんな情報が錯綜していたが、飛び込んだ男が胴体で真っ二つになっていた、というのは本当のようだった。

「あれっ、昨日の夜中にやってきたのは、頭のところと腹のところに分かれていたけど、同じ人だったな。もしかして、さっき死んだ人なのかな」

しかし、辻褄《つじつま》が合わない。幽霊にあまり辻褄という言葉や考えは相応《ふさわ》しくないかもしれないが、ともあれ昨夜の何者かとさっき死んだ人が同一人物ならば、自殺する前、死ぬ前にケイくんの元へ現れていたことになる。

「なんといっても不思議なのは、ぼくは何の関係もないんですよ。同じ駅を使っていたくらいで、顔見知りですらない。あの人にだって家族や好きな人はいたでしょう。なぜそこに行かず、無関係なぼくの元に現れたんでしょう。しかも、まだ死んでないときに」

その後、ケイくんはその人の幽霊には遭ってないという。亡くなった人は、今度こそ因縁や想いのある人の元に現れているだろうか。

想定外の悪意

ある芸能事務所に勤めるサキさんは仕事のできる美人で、みんなに好感を持たれている。

「それは常に、好感を持たれるよう気を遣っているからです。だって、怖いもん。いつどこで誰に恨まれて、想定外の悪意をぶつけられるか」

彼女が高校生の頃、同級生だったルミさんが繁華街のビルから投身自殺した。葬儀に行った人によれば、顔は包帯で完全に覆われ、見せてもらえなかったそうだ。

そう、同級生みんなが参列したのに、サキさんだけは呼ばれなかった。

「飛び降りた屋上の隅にルミさんのカバンがあって、中に携帯がありました。当時はまだメールですね。遺書めいたメールが、親や彼氏や友達に送信されてて。

そこに、私の名前が書かれてたんです。サキにいじめられて、もう耐えられない、と」

彼女はルミさんとは、本当に同級生というだけの仲だった。クラスが同じになったことすらなく、名前と顔が一致するくらい。しゃべったこともなかったのだ。

「だけどルミさんの親は私を殺したいくらいの勢いで責めてきたし、親も号泣。警察にも犯人扱いで話を聞かれ、私も自殺したいほど追い込まれましたよ」

実際、彼女がいじめていたなんて見たことも聞いたこともないと、周りの人達が証言してくれ、もっと他に揉めていた女がいる、といった噂もかなり出回った。

サキさんは後から知ったが、ルミさんは交際していた男子大学生をめぐり、三角関係になっていた。どちらが本命かはっきりしないままに、彼は別の女の子とも交際し、そのアキコがルミさんをかなりつけまわし、心身ともに攻撃していたらしい。

「実はそのアキコ、私ともライバル関係でした。ある運動部で、どちらかが代表に選ばれる、となってて。アキコは一緒にがんばろう、みたいにニコニコしてたけど。なんかこいつ信用できない、と私は一線引いて、親しくならないようにしてました」

何の証拠もないが、追い込んだルミさんが飛び降りたのを見たとき、アキコは遺された携帯を操作し、サキさんの名前を入れた遺書を各所に送信したのではないか。

サキさんはいろんなことが怖くて、それをいえなかった。運動部も辞め、アキコが代表に選ばれた。そして、その大学生と交際を続けて結婚もした。

えっ、アキコが一人勝ちなの。不快な顔をした私に、サキさんは優しく微笑んだ。

「自殺しましたよ。会社や近所や旦那の実家にまで、浮気している、会社の金を横領している、風俗勤めしてた、みたいな怪文書が証拠つきでバシバシ送られてきて、病んだみたい。もちろん、匿名で送りましたよ。誰かの名前を騙《かた》ったりはしません」

サキさんの感じのいい笑顔が、そのときだけはちょっと怖かった。

黒い犬

これは十年くらい、前の事件だ。ある化粧品店を経営する男が地元の芸能事務所に、

「店のポスターやチラシに使いたいから、モデルを派遣してほしい」

と電話し、若い女性を来させた。しかし彼は最初からポスターやチラシなど作る気はなく、若い美女と性行為をしたいだけだった。激しくモデルに抵抗され、殺してしまう。

そして先日、人気AV女優に取材したのだが。ふとしたことでその事件の話になり、メイさんはその男に会ったことがあるといった。

「店の上が、自宅だったんですよね。建物の壁についてる外階段で、上り下りしました。そのとき私はデリヘルやってて、彼が客になったわけです。彼自身はあまり印象に残るところがない、何もかも普通のおじさんだったんですが」

仕事を終え、彼がドアを閉め、メイさんは一人で階段を降りた。その中ほどで、店の壁の陰に女がいるのに気づいた。

「うわ、一人じゃ足りなくてもう一人、デリ呼んでるのかな。でもって、顔はタレントのナントカちゃんに似ているな、あのワンピ可愛いな、あの肌色は日サロで焼いてんのかな、みたいに、瞬時にいろんなことを思いました」

ところが階段を降り切って地面に立つと、その女はいなかった。

「三秒か四秒ですよ、その子を見てから消えるまで。そんな迷路みたいな路地じゃなく、見通しのいい駐車場や空き地が広がってました。

たった三、四秒で、姿が見えなくなるほど遠くに走っていけることはないでしょう」

もしかして幽霊を見たのかな、そんな考えがかすめたが、怖いので深く考えないようにした。けれどあまりにも生々しく、つい送迎の運転手に話してしまった。

「でも運転手さんに、どんな幽霊だったか聞かれたとき、言葉に詰まりました」

顔はタレントのナントカちゃんに似てて、可愛いワンピで、日サロ焼けしてた、みたいに思ったことは覚えているのに、まったく映像として浮かばないのだ。

「もちろん、殺されたモデルとは全っ然、違う女でした。それも、確かなんですよ。ニュースで見たとき、あの化粧品店だ、というのはすぐ思い出せました。被害者の顔を見たとき、あの幽霊とは違うと、つぶやいてました」

思い出そうとすると、脳裏になぜか無関係な真っ黒の犬が一匹現れるという。メイさんは犬を飼ったことはなく、黒い犬との思い出もない。

「私があのとき見たものは、本当は黒い犬だったのかな。黒い犬を、女と見間違えたのかな。なんか怖いから、もうそういうことにしておきます」

記憶の欠落

記憶喪失にもいろいろあり、名前や生い立ちからすべて消去されてしまうタイプ、ある一定期間だけが抜け落ちるタイプ、まだらに空白になるタイプなどあるらしい。

私も若い頃は泥酔して、気がつけば自分ちのベッドに寝ていて、どうやって店から帰ったか、誰と飲んでいたか、まるで思い出せない、というのがたまにあった。

昔の写真を見ていたら、まったく見知らぬ人と自宅や友達の家や行きつけの店で親しげに写っていて、どうしてもその人を思い出せない、というのもときどきある。

友人知人にも、記憶が全部なくなった、というのを経験した人はいないが、不思議な一か所抜け、みたいなのを経験した人は何人かいる。

あるバーの雇われママは三回も結婚しているが、二度目の夫のことがまったくもって何一つ思い出せないのだそうだ。初婚は十年、そして今現在の再々婚の夫とは二十年以上続いているが、その間に一年ほど結婚していた再婚夫がいるようなのだ。

「親も親戚も二度目の夫が一番良かったんじゃないの、みたいなことというの。再婚夫の従姉ってのが同業者で、たまに商店街で会って『あいつも元気にしてるよ』なんて、要らないこといわれたりもするんだわ」

ちなみにママは初婚のときはＯＬで、今現在は雇われママだが、二度目のときは専業主婦として家にいたらしい。その家のこともちろん、まったく記憶にない。

「再婚夫の写真をどんなに見ても、見知らぬ他人でしかないの」

周りの証言によると、合コンで知り合ってすぐ結婚し、彼の地元である町のアパートに二人で暮らしていたという。離婚原因は性格の不一致としかいいようがないが、特に揉めることもない協議離婚で、確かに婚姻届と離婚届は出ていた。

「その代わりに、ではないけど、逆に『ありえない記憶』があるんだわ」

ママはあるヨーロッパのバレエ団に所属しており、寮生活を送っている。あるとき大きな役をもらえ、それが怖くなって舞台の隅の大きな箱の中に隠れてしまう。ところが開演間近になったのにママがいないと騒ぐ人も探す人もおらず、舞台は何事もなく始まる。

「いつの間にか私は眠くなって、箱の中で寝入ってしまう。気がつくと誰もいなくなってて、私は箱から出るのね。そこで、三日間も箱に入っていたのを知るの」

これは夢ではなく、確かな記憶なんだそうだ。だけどママがバレエをやっていたことも、ヨーロッパにいたこともない。これは周りの人がみんな証言できる。もちろん、そのときの写真は一枚もない。ちなみにそのバレエ団は実在しているが、ママの記録はない。

再婚夫の記憶の欠落と、ないはずの記憶。両者に何か関連性はあるのか、これも謎だ。

イマジナリーフレンド

私にはいなかったが、イマジナリーフレンド、という存在がある。架空の友達。実在しない仲間。自分にしか見えず、だいたいが幼い頃にでき、成長するにつれていなくなる。

一回りほど下のある主婦は、実在の人が架空の存在になっていった、という。

「小学校のとき、ショコと呼ばれてた子がいたんですね。すべて目立たない大人しい子で、いじめられてもいなかったんだけど。自分は霊感がある、とか、予知能力がある、みたいなオカルト的なことを唐突にいい出す子で。

うーん、なんというか、ショコはそういう子、っていうことにして、みんなスルーしてました。それが五年生のときかな、転校生が来たんです。通称、姫。

都会から来た上にアイドル顔で、勉強もスポーツも実はたいしたことないんだけど、とにかく押しの強さと派手な言動で、何でもできる子、というイメージを作り上げるのに長けた子でした。たちまち、転校生の姫がクラスのリーダーになっちゃった。

でもって姫が、ショコを気持ち悪いって毛嫌いし始めたんです。それまではみんなショコを優しく無視してたのに、たちまちみんなでいじめるようになりました。

私は積極的にいじめたことはないけど、見てるだけだったのを後悔してます。ともあれ、ショコは不登校になってしまいました。

あの頃は携帯もスマホもなかったんで、その小学校のほとんどの子が進む中学校にショコがいなかったことについて、別の中学校に行ってんだろ、とか、今も引きこもってるとか、たまにちょっと噂されるくらいでした。

だけど今度は、姫が変になっていったんです。ショコがうちに来たとか、ショコが理科室にいたとか、いい出して。次第に、ショコが姫の親友になっていきました。だけど誰にもショコは見えないし、噂レベルではないショコのその後を知る人もいない。

高校は私は姫と別のところになったんですが、同じ高校に行った人から、相変わらず姫はショコの話をしていると聞きました。不気味だと感じたのが、姫の語るショコって小学生のまんまなんです。体の大きさも着ているものも、言動も。

姫も、高校ではすっかり影が薄くなって、むしろいじめられっ子になってしまったとか。それであるとき、急に姫はいなくなった。どうも、子どもの頃に住んでいた都会に家出したみたい。それから今に至るまで、姫の所在は不明。ショコもまた、不明。

だけど友達が、姫がいなくなったとされる日、姫が小さな女の子と電車に乗っているのを見ているんですよ。その友達はショコを知らないんだけど、特徴とか聞いたらショコとしか思えないんですよね。ショコは姫をどこに連れてったのかな」

行方不明

昔から公共の場の壁にも貼ってあったし、最近はツイッターなどでも拡散されているが。家族が行方不明になりました、探してください、というポスターや画像。

青年、中年の一見ごく普通の人達なら、異性関係や借金トラブルでみずから逃亡し、自身の意志で隠れているんだろうなと推察できる。ただ、ストーカーが逃げた標的を探している場合もあるので、安易に拡散しないほうがいいという意見もある。

昔、いなくなった家族を探してと呼びかける番組があり、家出したお母さんがテレビの力で家に戻ってきたが、もともと夫の暴力から逃げていたのだった。さらに暴力が激しくなり、ついに夫を殺してしまった、という事件を妙に覚えている。

しかし不明者がご高齢で、認知症あり、といった但し書きがあると、どうやって雨露をしのいで食べ物を手に入れているのかと、心配に加えて不思議にもなる。

さて。うちの息子くらいのライター、ショウくんは廃墟めぐりが好きだ。しかし人が住んでないといっても所有者はいるので、不法侵入になる。あまり大っぴらにはいえない趣味なのだが、ともあれ先日もある地方の廃墟となった旅館に行ってきた。

いい感じに荒れていながら、妙に文学的な風情のたたずまいに満足しつつ階段を上がってみると、二階の和室に二人の老人がいた。おじいさんとおばあさんで、ともに白髪で小柄。長年連れ添った夫婦にしか見えない姿で、寄り添っている。

「すみませんでしたっ、叫んであわてて駆け下りて、飛び出しました。一瞬だけど二人が振り返って、顔を見ました。それが異様に、脳裏に焼き付いたんです」

廃墟に見えても、持ち主の夫妻は住み続けているのかな、と考えた。

「とにかく、今まで感じたことのない不気味さがあったんで、しばらく廃墟巡りを控えてしまったくらいです。夢にまで出てきましたから、あの二人」

そうしてショウくんは先日、仕事の関係で警察署に行った。

「ものすごい悪寒に襲われました。壁に、行方不明者や身元不明の遺体の情報を求めるポスターが、何枚も貼ってあったんですが」

半年ほど前から行方の分からなくなっている認知症のおばあちゃんと、三か月ほど前に遺体で見つかった身元不明のおじいちゃん。その写真と似顔絵が、例の廃墟にいた二人だという。しかし、ショウくんは警官にいえなかった。

「おばあちゃんはもしかしたら生身の人だったかもしれないけど、おじいちゃんは幽霊……ですよね。幽霊がおばあちゃんの世話をしていた、といって信じてもらえますか」

それより二人があまりに幸せそうだったので、そっとしておいてあげたいのだという。

行方不明　その2

バックパッカーとしてアジアを旅するうちに、すっかり某国が気に入ってしまったキシくんは、ついに現地で就職して現地の女性と結婚してしまった。

今はすっかり何もかも落ち着いている彼だが、就職も結婚もしてない頃は、非合法すれすれの薬物の取り引き、日本人駐在員や観光客への女の斡旋などもしていた。

現地の反社会的勢力に脅された話、薬物中毒の女にストーカーされた話、幽霊が出ると評判のホテルに泊まった話、いろいろ話してくれたが、ある飲み屋のチーママみたいな美人と親しくなって、という話が本人としては一番怖かったらしい。

「ママの旦那は、バリバリのマフィアだったんです。その旦那が仕事で、っていっても絶対に犯罪系だろうけど、とにかく隣町に泊まりがけで行くことになって。

店が終わった後、ぼくらもお泊まりに行ったんです。現地の人しか使わない、裏町のラブホテル。ベッドでいちゃついてた辺りから、なんか変な気配は感じてました。

なんともいえない悪臭、腐敗臭が漂ってる。おいしいけど臭い、で有名なドリアンとも違う。あまり掃除は行き届いていないようだから、それでかな、と。

二人でことを終えて寝入った後も、臭いは消えないし、どこからか小さな鈴を振るような音がして、それも気になる。ママは気にせず、のんきに熟睡している。

そんときふと、ベッド脇の作り付けのクローゼットが気になった。ぼくら、服は壁のハンガーにかけたり、椅子の上に置いてて、クローゼットは開けてもいなかった。何か予感がして、思い切って開けてみたら。

男の死体が、押し込められてました。すでに、赤黒く膨らんで目が飛び出てた。臭いの元は、これだったか。ちゃんと掃除をしてないから、クローゼットも閉めっぱなしだったんですね。もう、悲鳴もあげられず腰抜かしました。

やっとママを揺り起こして、死体の方を指したら。ママもへたり込みました。でも、このまま逃げよう、というんです。絶対に通報なんかできない、警察が来たら私達まで身元を調べられて、旦那に二人とも殺されるというんですよ。

ぼくらクローゼット閉めて何食わぬ顔で、急用ができたんで泊まらず帰る、とフロントに告げて出ました。だけどずっと、腐敗臭と鈴の音がついてきました。

それこそマフィア同士のいざこざか、新聞にもニュースにも出なかったな。念のためママとしばらく会わないでいたんですが、その間に妻と出会っちゃった。

実はママ、その後ふっと消えたんです。今もって、行方不明。たまに、鈴の音がします。臭いはないけど」

父の話

一見すると、ミキさんはとても普通の四十代女性だ。容姿も経歴も性格も。つまり、変なことなどいいそうにない、しそうにない人なのだが。

「子どもの頃、とても奇妙なことがありました。小学校の五年生になってから、それまで住んでいたアパートを出て、一戸建てに引っ越したんです。かなり遠方でした。だから、小学校も転校です。

それとほぼ同時期に、お父さんが変わりました。だけど母が、私の実父と離婚して別の人と再婚した、というのではないんです。

明らかに別人なのに、母は何もいわない。父と名乗る見知らぬおじさんも、何食わぬ顔でお父さんのふりをしている。母に、お父さんはどこに行ったのと聞いても、何いってるの、家にいるでしょ、と冗談にして笑う。

本当のお父さんと写ってた写真も、一枚も残されていません。でも、表札のお父さんの名前はそのまんま。その見知らぬおじさんはお父さんの名前を名乗って、私の父親として参観日や運動会に来ました。

お父さんは、引っ越し先で新しい会社に勤めていたようです。母はもともと近所付き合いや親戚付き合い、同級生とのつながりが薄く、ずっと専業主婦だったので、旦那さんが別人になっている、と気づく人も周りにいなかったみたい。

　ずっと違和感はあったのに、口に出せなくなりました。私が変な子だと見られる、と心配しました。友達にも同僚にも、親しくお付き合いした男性にもです。

　お父さんにひどいことをされる、冷たく扱われる。なんてこともなく、ごく普通の家族として暮らし、三年前に亡くなりました。病死で、不審死ではありません。もちろん、私は泣きました。でもやっぱり、本当の父じゃないけど、と心に引っかかってました。

　その後、母は父の遺品をきれいさっぱり片づけてしまいました。まるでそんな人は最初からいなかったかのように、根こそぎという言葉を使いたくなるほど、徹底的に父の痕跡を消してしまったんです。家族葬で遺骨も散骨、お墓も仏壇もありません。

　そして去年、初めて結婚を意識した彼が現れ、母に会わせました。そうしたら、この子が小学校五年生の頃に夫に死なれて苦労した、みたいなことを彼にいうんです。

　父は三年前に亡くなったと彼にはいっていたので、彼も妙な顔をしてましたが、認知症なのかなと気を遣ったようで、黙っててくれました。だけど私はそのとき、やっぱり本当の父は小学校五年生のときいなくなったんだ、と確信しました」

　ミキさんの奇妙な父の話は、ここでは終わらない。

父の話　その2

前の話の、続きになる。小学五年生のとき父が別人になったと、ずっともやもやしていたミキさんだが、以前の父を知る人に会いに行こうとか、調べようとか、しなかった。

「このまま、すべてを葬り去ったほうがいい気がしました」

結局、結婚を意識した彼とは次第にいろんなものが噛み合わなくなり、別れてしまった。母も、あの人とはどうなったの、と聞きもしなかった。

「実は私、高校のときの初めての彼氏から、その結婚を考えた彼に至るまで、なんというかその、ずっと性的な行為が苦痛、嫌悪とまではいきませんが、気持ちいいと感じたことがなかったんです。

いつも、なんか違う、こんな感じじゃない、と違和感があり続けました」

先日、地下の商店街をぶらついていたミキさんは喉が渇き、カフェに入った。すると隣に座っていた女性が、いきなり彼女の手をさわった。なでるように。

「えっ、知り合いだっけ、とびっくりしました。黒髪で目の細い、西洋人がイメージするアジア美女みたいな雰囲気。年齢不詳、でも同い年くらいかな。

とにかく見知らぬ女が、いきなり手をなでてから、小声でいったんです。

『私は人の手にふれると、過去が見えるの。たまに、未来も。ごめんなさいね、すごくあなたの手にふれてみたくなった。あなたの手から、なんともいえないものが立ち上っていたの。ありていにいえば、オーラ、かな』

その女は私の手を握ったまま、目をのぞきこんできました。そうして、お父さんと何かあったでしょ、ずばりいい当てられたんです」

思わずミキさんは、かいつまんで父の違和感、母の奇妙さ、自身のもやもやした黒い霧のような過去を語っていた。そうして不思議な女によって、すべて思い出した。

「私は幼い頃から五年生まで、父と性行為をしていたんです。父は未成熟な、幼い女の子が好きだった。だから私が初潮を迎えて、大人の女の体つきになり始めたら、それをしなくなった。それを私は、父が別人になったと感じたんですね」

ミキさんがいうには、なんとなく周りが父と娘の異常な関係を感じ取り、それを止めたのを機に引っ越したんじゃないか、とのことだ。

「女に強く手を握られたとき、ずっと父に持っていた違和感が消え、あれはずっと変わらず自分の父だった、と納得できました。父は私が大人になってから、死んだんです」

すっと手を放し、女は立ち去った。それからミキさんはまた新しい彼氏ができ、初めて気持ちいいと感じたそうだ。しかし彼女のお母さんも、充分に怖い人だ。

目撃情報

　ワタナベさんが引っ越した部屋は、いわゆる事故物件ではなかった。なぜなら新築で、前に住んでいた人がいないからだ。

「ぼくは、まったく変なものは見ないし感じませんよ。だけど」

　彼の部屋を訪ねて来た人や近所周りの人が、変なものを見るのだという。

「ベランダに、茶髪のやせた派手なギャル風の女がいて、手すりに乗り出すようにして道を見下ろしていた、というのを、訪ねて来た人の何人かにいわれました。あれって彼女なの、いつのまに結婚したの、みたいに。

　だけどそんな女、心当たりがないんですよ。ちなみにうちは五階です。しかも角部屋なんで、隣の人が仕切りを越えてくるなんてこともない」

　交際していてたまに来る女性は、黒髪でぽっちゃりの清純派だ。その彼女も、ワタナベさんの部屋で変なものを見た。トイレのドアを少し開けたまま便器に腰かけている男がいて、膝から下の足しか見えなかったが、あらドア閉めてよ、といってしまった。

　しかしワタナベさんは細身で体毛が薄いのに、その足はかなり太くて毛が密生していた。彼の友達か身内が来ているのかなと、彼女はその場から離れたそうだが。なんか変だなと、そっと近づいてみたらドアは閉まっていて、中には誰もいなかった。

そしてワタナベさんは、君の他には誰も来てない、と答えた。まさか泥棒がトイレを使ったかと彼女は怖がったが、特に盗られたものもなく、荒らされた形跡もない。

故郷の母が上京してきたときも、ワタナベさん宅の前に妙な人がいるのを見た。金色の全身タイツを着たような性別も不明な人間が、四つん這いで玄関ドアの前にいたとか。あまりのことにパニックになった母は、回れ右でエレベーターに逃げ戻った。

しかし息子に危険が迫っているかもしれないと引き返してみれば、もういなかったとか。ワタナベさんの母はそれを怪奇現象、異界のものとは捉えず、近所に変態が住んでいるのは怖いわ、といったとか。

あまりにも変なものの目撃情報が相次ぐので、有名な事故物件サイトなども調べてみたが、近所周りでも事件は起きていない。

「何が嫌って、肝心のぼくが何も見ないってことですよ。部屋の持ち主、住人をさしおいて、住んでない人ばかりが変なものを見る。なんか、悔しい」

知り合いの紹介で霊感の強い人を連れてきたら、その人も首を傾げていた。

「ベランダのギャル、トイレの足だけ男、ドアの前のタイツ、見た目はそれぞれ違うのに、同一人物としか思えないというんです。なんなんでしょうね」

霊感発揮の条件

これまでにもいくつか書いてきたが、ある一定期間だけ霊感があった、ある特定の条件下においてだけ霊感が発揮できた、という人も少なからずいる。

ある女子アナは、霊感の強い女友達と旅行したとき、部屋を横切る白い影を見た。そして二人しかいない道で、男に話しかけられた経験がある。その友達と長く接していないと、まったくそのような経験はしなくなる。

ある編集者は、霊感の強い彼女と同棲しているときだけ、いろんなものを見た。これがやや変わっていて、彼の目に直接は見えず、彼女が見ているものをテレパシーで受け、間接的に見えていたそうだ。彼女と別れてからは、そんな経験はなくなった。

ある芸人は、いわゆる事故物件に住んでいるときだけ怪異現象に見舞われ、たとえば幽霊が出ると評判の場所に行っても、そこに住まなければ何も感じないという。

作家のフクダ先生は、上記の三つを兼ねていた。仕事も私生活も行き詰まりを感じていた先生は、飲み屋で出会ったあまり素性を知らないが、長年の愛読者だという女性と一緒に暮らすことにした。フクダ先生には、長らく別居中の妻がいたけれど。

そして彼女が見つけてきた、地方の山間部にある家に引っ越した。彼女はオカルト的なものが大好きだったが、フクダ先生はその手のものはほとんど信じていなかった。

だがその山荘に住むようになると、彼女がいう天井からの足音を聞いたり、彼女が見たという風呂場に転がる溶けた頭蓋骨が、先生も見える気がするようになった。

先生はふと、山荘の前の持ち主を親しい編集者に調べてもらった。すると、住んでいた夫婦が山荘ではなく近くの雑木林で心中していたのがわかった。

編集者は、その夫婦の怨念かも、みたいなことをいった。先生はそれを、彼女にいえなかった。霊感が強いと自負する彼女の、自尊心みたいなものを傷つける気がしたからだ。

彼女は怪異現象について、山荘がある場所は大昔は共同墓地があったといい、数百年も昔だから怪異は起きても恐ろしい祟りはない、といい張っていたからだ。

しかし怪異現象は続き、フクダ先生は衝動的に飛び出し、妻を訪ねてしまった。すると同じく霊感など欠片もなかった妻が、すごく怖いものが取り憑いているといい出した。

親しい編集者は、別のことも調べてくれていた。フクダ先生と山荘に住んでいた女は、前夫の愛人を殺して十年以上も服役し、出所して間がなかったのだ。

そのまま山荘に戻らずにいたら、彼女もいつの間にかいなくなっていた。あの怪異現象は、山荘の前の持ち主の夫婦が起こしたものではなかったんだわと、霊的現象とはまた無縁になったフクダ先生と、よりを戻した妻は信じている。

必要なのは……

近所のOLチエちゃんに聞いた話だ。猛暑が予想される日、彼女はたまたま夜明けに目が覚めてしまったので、ちょっとでも涼しい今のうちに愛犬の散歩に行こう、と思い立った。夏はたいてい、散歩は深夜に行っていたけれど。

飲食店やラブホテルの立ち並ぶ路地に入ると、ある店の前に若い男が横たわっていた。まったくもって容姿も服装も普通の今どきの若者で、飲み過ぎてつぶれちゃったな、と苦笑した。急性アルコール中毒にも見えず、けがをしている様子もない。だから、そのうち目を覚ますだろうとそのまま通り過ぎた。

愛犬も、その男に何の興味も示さなかった。適当にその辺りをぐるっと回って、元の路地に戻ってくると、愛犬が激しく吠えたてた。明らかに、何かにおびえている。

さっきの若い男が変わらず横たわっていたが、口元に汚物があった。彼が吐いていたのだ。大丈夫かなと立ち止まったとき、異様な感じに襲われた。

「吐いたものの中に、なんか黒々したものがあると見たら、長い髪の毛なんですよ。しかも量が、女の子のロングのポニーテール一本分くらいあるんです。あんなに髪の毛を吐けるものか、って以前に、あんなに髪の毛を飲み込めるもんですか」

愛犬は今までないほどに吠えるし、あわててリードを引っ張ってその場から走り去った。家に帰ると、愛犬は落ち着きを取り戻していた。

しかし、どうにもさっきの男が気になる。まるで見殺しにしたような気持ちにもなる。出勤の支度をして一人でまた外に出たチエちゃんは、さっきの路地に行ってみた。彼も吐瀉物もその場にあったが、髪の毛は消えていた。だが、通りすがりらしい老人がのぞき込んで声をかけ、彼を起こそうとしている。

やせた小柄な老人には彼が重いようで、なかなか持ち上がらない。思わずチエちゃんは駆け寄り、一緒に助けようとした、のだが。

「足がすくみました。でも、その老人ももっと、足がすくんでたっていうか」

まるでアスファルトの地面に女が埋まり、足だけを突き出して男の足に絡みつかせているようだった。老人には、それが見えてないようだったが。

「きゃあっと叫んだら、ぱっと男が目を開けて、起き上がりました。老人に照れ笑いして、すみません、酔って寝てました、大丈夫です、とさわやかにいって立ち上がり、とっとと大通りの方に立ち去りました。吐いたもの残して」

残された老人は、静かにチエちゃんにいった。

「酔いをさますより、御祓いを受けたほうがいいね、あれは」

復縁と別れ

別のところにも書いたが、子どもの頃にいじめっ子の男子がいて、被害者となった女の子達で「仕返ししたい」と異様に盛り上がり、落とし穴を掘ろうとした。とはいえ、小学生の女子達で、道具も砂遊びのスコップだけだ。靴がすっぽり入るくらいの穴しか掘れなかったが、いじめっ子を呼び出して転ばせようとたくらんだ。

一人が彼の家まで行って呼び出そうとしたら、お母さんが出てきて、さっき庭で転んで足をけがしたから行けない、といわれてしまった。落とし穴には落ちなくても、結果として本当に転んでケガをして、うれしいより怖かった。

という話を、久しぶりに仕事先で会った人達に話したら。意外とそういう、「事前に起こって終わってしまった」みたいな話はあるのだった。

芸人のヨシさんは、別れた彼氏がどうしても忘れられず悶々していた。しかし彼はかなり遠方へ引っ越してしまい、会いに行くだけで大変だ。そんなとき、彼の今の家どころではない遠くの某国に、強烈な復縁の神様を祀った寺院があると聞いた。

思い切って仕事を休み、その直行便で七時間以上かかる国に行こうと飛行機に乗ったら、なんと彼も近くの席に乗っていた。ただし彼の横には、奥さんがいた。

幸い、サングラスにマスクのヨシさんに彼は気づいてなかったが、夫婦仲の良さは伝わってきた。現地の空港に着いてしばらくして、彼らの姿は見えなくなってしまったが。

「あの国の神様に、わしでも復縁は無理じゃ、と先に断られた気がしました」

それでもヨシさんは、その寺社に行った。そこで彼のことはあきらめましたと祈り、

「逆に、私に会いたがっている男の願いを叶えてあげてください、と祈りました」

その夜、ホテルの部屋に一人でいたら、鏡に一瞬だけ男の姿が映り、なつかしい匂いがした。それは、高校時代に付き合っていた男の子で、大学生の頃に事故死していた。

「霊感0の私が、初めて見た幽霊。あの子も私に未練があったんですね。今までも出てこられてたのかもしれないけど、私に通じなかった。あそこで初めて感じたんです。これも、あの子の復縁の願いがちょっとだけ叶った、ってことでしょうか」

それから一年、ヨシさんは新しい交際相手はできたものの、早々に別れたくなってしまった。今度は知り合いから、占い師を紹介してもらった。別れたいという相談に行く前、

「実はその人にはかなりお金を貸してもらって、返してなかったんです。こじれた原因の一つですが、そこんとこは占い師にいいたくないな、とずっと考えてました」

そして占い師に対面した瞬間、いきなりいわれてしまった。

「あなたがお金を返したら、別れられます」

人面犬？

　いっとき、人面犬という妖怪が話題になった。文字通り、顔だけ人間の犬だ。見た人が驚くと、何見てんだよ、みたいな捨て台詞《ゼリフ》を吐いて走り去る、という目撃談や噂が大半で、特に悪いことをするものではないようだ。

　私よりやや若い芸人のタジマさんは、何度か人面犬を見た、という。

「この話をすると、お前はなんか変だよといわれます。幽霊とか見たことないし、他に怪奇現象も思いつかない。とにかく、見るのは人面犬だけ。普通、といっていいのか、幽霊をよく見る人も、人面犬は見たことない、ってのが大半でしょ」

　私もあらゆる人に、何か怖い話はないかと聞いて回っているが、人面犬を見たという人にはまだ会ったことがなかった。タジマさんが初めてだ。

「最初は子どものとき、近所の友達と雑木林で遊んでたんです。そしたらひょこっと犬が出てきたんだけど、なんかおかしい。ぱっと見は茶色の柴犬っぽいんだけど、顔がなんというか、ひどく平面的な子どもの顔なんです。

　そのとき五人くらいいたかな、でも誰一人、変な顔だというのはいませんでした。まるでテレパシーみたいに、びびっと全員に通じたんです。騒いだらだめだ、と。

その人面犬は、確かに何か一言いって、走り去りました。その後ふっとみんな気が抜けて、あいつ何かしゃべったよな、といいあいました。

でも全員、聞いた言葉が違ってる。「見るなよ」「寒くなったな」「いいふらすなよ」「腹は減ってない」……ぼくは「また会おうな」と聞こえました。

でもぼくら、よくふざける悪ガキどもだったから、他の級友にいっても冗談だと思われて、本気にする子はいなかった。ぼくらも、次第に忘れていきました。

何年か後に親と旅行したとき、空港のカウンター周辺にいたら、キャリーバッグに入れられた犬がいました。何気なくのぞき込んだら人の顔してて、確かに、俺だよ、みたいなことといわれました。すぐにそのキャリーケースは、飼い主に運ばれていきました。

どんな人が飼い主だったかは、覚えてません。でも、あんときのあいつだな、とわかりました。そういや、また会おうといわれたんだった、と思い出しました」

三度目が、つい最近だそうだ。地方ロケがあって、バンに乗って移動していたとき、ドライブインで休憩することになった。車を降りて何気なく振り返ると、

「あいつがささっと、車の下に潜り込んだんです。もう、知らん顔してましたよ。そんで休憩を済ませて車に戻ってきてのぞきこんだら、もういなかった」

やっぱり犬じゃなく妖怪だな、とタジマさんは苦笑した。犬は、五十年も生きられない。

無賃乗車

一見ごく普通のＯＬであるアイさんの霊感、というのもちょっと変わっている。本人は幽霊など見たこともないし、声を聞いたこともないというが。

「私、幽霊のタクシーなんでしょうか。しかも無賃乗車ばかりの」

どこかの霊を知らないうちに拾って、別の場所に移動させているらしいのだ。

「たとえば、火事で死者の出たビルに近づいて、そこの地縛霊を背負って会社に連れて行ったりするんです。霊感の強いお局が、『あんたまた拾って来たね。黒焦げの人が乗ってるじゃないの』と怒り出して、御祓いしてくれたり。

交通事故現場でも拾ったらしく、普通に大通りを歩いていたら、見知らぬおばあちゃんに、『あなた、顔がつぶれた人を背負ってるよ』といわれたり。そのときはショーウィンドウにそれらしき人が映るの、一瞬だけ見えた気がしました」

よくある怪談に、店に入ると一人なのに水を二つ持ってこられた、というのがある。タクシーに乗ると運転手に、あれ、もう一人いましたよね、といわれるとか。

「それも、私はしょっちゅうなんですよ。こないだもときどき行くバーに立ち寄ったら、水二つ。眼鏡のがっちりした男が、背後にいたといわれて。それ、つい先日亡くなった取り引き先の社員に違いないです。

彼はたまたま私に乗っかってきたというより、もともと私に気があったようで。私には感じられないし見えないけど、彼のために一杯、注文して乾杯してあげました」

そんな、さほど自分には害のないものを運んでいたアイさんだったが。先日は、けっこう怖いものを運び込んでしまったという。

「近所のマンションで、殺人事件があったんですね。エントランス前にパトカーや救急車が停まってて、警官や報道陣だけじゃなく、野次馬もいっぱい。

そのとき私、初めて幽霊だ、というものを見たんです。子どもみたいに小柄だけど、成人女性です。額がぱっくり割れてて、両手も深い傷を負ってました。

そのまま私、嫌いな女がやってる店に行ったんです。どうせ私に乗っかってるだろうから、ここに置いてきちゃおう、と」

恋敵の店に、いったんは幽霊を置いてこられたらしい。オーナー女性は拒食症になり、見る見るうちに異様にやせていって、店に出られなくなってしまったからだ。

「だけど先日、社内の飲み会で写真を撮ったら。その女、私の背中に戻ってきていました。あの店に置いてきたはずなのに。あっ、なるほど、私は運転手だから自分の降ろしたい所で降ろせないんですね。乗ってきた人が降りたい場所に降りるんだ～」

井戸の中

記憶の間違い、齟齬《そご》は誰にだってある。すっぽり抜け落ちている、という場合も。

ぎりぎり平成生まれのＡＤマリちゃんは、別の局のデスクを務める女性と、あるアイドルのマネージャーと仲良しだが、小学校が同じなのだという。みんな別々の中学に進んでしばらく疎遠になっていたが、偶然にも同じ業界に入って再会、友情が復活した。

マリちゃんによると、三人の共有している思い出に、一つ奇妙なものがある。

「今はすっかり地方都市みたいになってしまいましたが、子どもの頃は小学校の周辺はまだ農村の雰囲気もあって、私達ときおり、プチ探検に出かけてたんです。

ちょっと遠出したら、雑木林の中にぽかっと空き地があって、ほとんど枠組みだけになった民家の廃墟がある、みたいなとこに行きつきました。

その民家の前に、古井戸があったんです。のぞき込んだら底には、大きな石を組み合わせたというか、積み重ねたお墓みたいな物がありました。ぎっちり井戸の中にはめ込まれてたというか、水はなかったですね。金の盃みたいなものが、ポツンと乗ってました。

なんかやばいよ、となって、私達はそこを後にして帰りました。特に怖いことがあったわけじゃないのに、なぜかその井戸の話だけは暗黙の了解で、禁忌の話になりました。

ていうか、あの井戸のある廃墟は、もう場所もはっきり覚えてません。そのまま別々の中学に進んで疎遠になっていって、成人して業界に入って再会して、また遊ぶようになったんですが。思い出話をしいて、不意にあの井戸の話になりました。だけどみんな、記憶がちょっとずつ違ってるんです。雑木林、空き地、枠組みだけの廃墟、そこまでは一致してるし、井戸の描写も合ってるんですよ。でも。

デスクの子は、井戸の中は深い底の方に黒い土が見えてて、壊れた人形が置いてあったというんです。マネージャーの子は、井戸の中は手を伸ばせば届くところまで土を盛ってあって、女の子の小さな靴が乗せられてた、というんです。私、そんなもの見てない。

みんな、自分の記憶が正しくて、あとの二人が間違ってる、といいます。

もう一つ気持ち悪いのが、マネージャーの子が世話してるアイドル。そもそも三人を結び付けたのは、そのアイドルなんですね。うちの局、デスクの子がいる局に、マネージャーが連れて来たんです。正統派の、清純で可愛い子なんですが。

私達の話を聞いて、その記憶が私にもある、なんていい出したんです。その子はいなかったっていうか、生まれてもいないですよ。でも雑木林や民家、井戸の描写が正確です。

ちなみにアイドルは、井戸の中には何もなくて、ただ水だけがあったといいます」

アイドルだけは、井戸の中に水を見ているのだ。

奇妙な記憶

　これは前の話とは何の関係もないが、記憶の変さと幼なじみの話だ。

　ゴウダさんは、高校まで地元にいた。東京の大学に進んで東京の出版社に就職し、十年で辞めてフリーの編集者とライターになった。ついに今年、東京に住んでいる時間の方が長くなった。だからもう、東京で知り合った友達の方が多い。

　ちなみに女性も大学デビューなので、地元には元カノなんてものもいないそうだ。

「地元で今も友達付き合いがあるのは、中学から高校まで一緒だった三人の男だけ」

　そんなゴウダさんが夏休みに帰省したら、故郷の駅の改札を出たところに小学校時代の同級生がいた。迎えに来てくれたという。

「ごく自然に、おう、すまんな、わざわざ迎えに来てくれて、なんて肩を叩いてました。それで二人してその辺の居酒屋に入って、飲みながらあれこれ話しました。二時間くらい、いたかな。友達が先に、店を出ました」

　彼は実家に戻り、親に小学校時代の友達に会った話をした。親は、変な顔をした。

「その友達は、何年か前に自殺しているというんですよ。ちょうどその頃、ぼく自身が仕事や女のことで悩んでたから、親としては元同級生が同じような理由で自殺した、というのをぼくに知らせたくないから黙ってた、というんです。

ぼくは中高んときの友達しか付き合いがなくなってたから、小学校時代の友達の死なんか、遠く離れた東京では知りようがなかった」

親は、別人をその友達と勘違いしていたんだろう、みたいなことをいった。かなり無理もあるが、じゃあ他にどう考えればいい。幽霊とするのが正しいのか。

「小学校以来、会ってなかった友達を、どうしてすぐにあの子だとわかったのか。そう、四半世紀、会ってないんですよ。小学校時代は同じクラスになったというだけで、特に仲良くもなかったんです。なんで、そんなぼくの前に現れたのか。

駅に迎えに来てくれたことも、ぼくはまったく不思議に思わなかったし」

居酒屋で何を食べて何をしゃべったか、それも一つも思い出せないという。

「怖いから、友達の墓を調べるとか、小学校時代の同級生達のSNSを調べる、なんてこともしません。中高んときの『本当の友達』とも会ったけど、その件は黙ってました」

しかし、その中高の友達と食事に行って記念写真を撮ると、隣のテーブルにいてたまたま映り込んでしまった、という体の男が、どう見ても例の小学校の同級生なのだ。

彼はすぐ消去したが、中高の友達は心霊写真をそうとは知らず保存したままだという。

中高の友達にとってそれは幽霊ではなく、たまたま映り込んだ人、でしかないのだ。

不気味な記憶

私の中にも、奇妙な記憶なのか夢なのか、わからないことがいくつかある。

寝ているとき脳内で見ただけのものと、現実の世界ではありえないけれど絶対にあれは現実に私の身に起こったんだ、という、これまたよくわからない線引き、区別がある。

一番強く覚えているのが、自宅前の廊下に、素っ裸で犬と人が混ざったようなのが寝転んでいて、あっ嫌だな、いなくなるまでしばらく待とうとエレベーターに戻ってまた降りてコンビニに行き、戻ってきたらもうそいつはいなかった。という経験。

あれは夢ではない。でも、現実ではありえない。その話をしたら、息子がとある廃墟の近くで同じような人を見たといい出した。息子も、あれは夢じゃないといい張る。

現に息子はその廃墟の近くに行き、写真を撮っている。中に入るのは怖いから、外観だけ撮っている。その怪人物には、撮る暇もなく逃げられたそうだ。

病院勤務のアマキさんにも、いくつかそういう記憶、あるいは夢があるという。

「かなり昔、まだスマホがなかった頃です。帰宅途中、助手席に置いてた携帯が鳴って、普段の私は用心深いし運転も自信ないから絶対に出ないんですが、なぜかそのときは出ちゃったんです。そしたら、まったく誰かわかんない人の声で、そこを右に曲がって次の角を左に進んで、とカーナビみたいに指示するんですよ。

気がついたら見知らぬ雑木林の前にいて、電話はいつの間にか切れてました。車を降りてみたら、地面に死体があったんです。

その死体の詳細な様子は、覚えていません。とっさに、私が疑われる、と怖くなりました。動転しながらも、変なとこ冷静で。だって見知らぬ人の指示で来たら死体がありました、なんて変すぎるでしょう。私はその場から、逃げ去りました。

でも、雑木林で死体が見つかったなんてニュース、まったくないんですよ。埋めてあるんじゃなく、道と雑木林の境くらいのとこに横たわってました。あれなら、通行人にすぐ見つけられるはずなんですが。

ちなみに着信履歴を見たら、知らない人からのはありませんでした。

じゃあ、夢だろ、となりそうですが。いや、あれは絶対に現実のことです」

当時は本物のカーナビはつけておらず、そんなすごい遠方ではなかったはずだが、今もってあの雑木林はどこにあったかわからないという。

「電話をかけてきたのが男だったか女だったかもわからず、死体も男だったか女だったかすら覚えていません。私の中では、そこんとこが一番、不気味でもどかしいんです」

いわれてみれば、私も息子もそうかもしれない。

トイレ

近所の主婦アリモトさんによると、最初は息子が変な薬でもやってたんじゃないか、と心配になったそうだ。息子さんがある日、ずぶ濡れになって帰宅したという。

「雨に濡れたレベルじゃなく、川に落ちたか服着たまま海で泳いだか、っていう」

びしょびしょで帰ってきて、無言で風呂場に飛び込み、シャワー浴びて着替えて、リビングの椅子に掛けるとようやく息子さんは口を開いた。

「会社の帰りに、好きな雑誌の発売日だったことに気づいて、その辺のコンビニに入ったんだって。初めて入るような、前にも入ったことあるような、とにかくしょっちゅう入ってるわけではない店。客が数人ぱらぱらっと、いたって」

不意にトイレに行きたくなり、男女兼用になっている個室に入った。済ませて出ようとドアを開けたら、景色が一変していた。

どこか暑い国の巨大なスーパーマーケットで、店員も客も売っている物も、すべてがエキゾチックすぎた。どこの国なのかもわからない。ここはどこなんだ、いったいなんで俺はここにいるんだ、振り返るとトイレも消えている。

息子さんは、取りあえず大きな通路を走った。息子さん曰くアラビアンナイトに出てくるような男が、何か声をかけた。とっさに息子さんは、トイレ、と叫んでしまった。

男は、ある方向を指さした。とにかくパニックの息子さんは、トイレに入れば元のコンビニに戻れる気がして、そっちを目指した。なんとなくトイレじゃないか、と思《おぼ》しきドアがあり、そこを開けた。

体は普通なのに、頭が機内持ち込みぎりぎりのスーツケースくらいの巨大な人達がびっしり、何百人と詰め込まれていた。人形かと思ったら、みんな生きた人だった。

「あっ、ここには入る余地がない、とあせったって」

あわててドアを閉めたら、そこは普通のコンビニの店内だった。彼はただトイレから出てきただけ、という状態になっていた。今までのはなんだったんだ、夢か幻覚か。

わけのわからないままに、お目当ての雑誌と飲み物を買って外に出た。ところが自宅マンションに近くなったところでふと袋の中を見たら、雑誌も飲み物もなくなっていて、代わりに見たこともない異国の果物が入っていた。

あまりに気味が悪いので、別のコンビニの外に置いてあるゴミ箱に捨てて来た。

「さて。そこから息子は、普通にマンションに入って管理人とも挨拶して顔見知りの人とエレベーターに乗って……どの時点でびしょ濡れになったか、わからないっていうの」

ちなみにポケットからは、雑誌と飲み物を買ったコンビニのレシートは出てきたそうだ。

人魚

同世代で同業者の、コバヤシさん。子どもの頃、父方の祖父母は海辺に住んでいたそうだ。夏休みなど、親元を離れて一人で泊まるのが楽しみだった。

しかし彼は当時からインドア派、海がすぐそこなのに泳いだり浜辺で遊んだりせず、海が見える二階で本を読んだりノートに小説を書いたりしていたという。

「あと、物置の探検とか。夜中に誰もいない砂浜を歩いて、小説の構想を練ったり」

祖父母はそんな孫を、変わった子だけど賢いんだといってくれ、子どもらしく海で遊べなどとはいわなかった。将来は作家になれる、ともいってくれていた。

そんな彼がある夜、一人で浜辺を歩いていた。最初、大きな魚だと思ったものがあった。

「何か着ていたような、裸だったような、そのあたりおぼろげなんだけど」

女が、横たわっていた。真っ黒な長い髪で顔は隠れていたのに、目が合った気がした。

「ヤバい。見てはいけないもの見てしまった。何とかこの場を、そっと離れよう。そう自分にいい聞かせ、後ろを向いたら」

鼻先にふわーっと、腐った魚の臭いがした。首筋にもわーっと、磯臭い風が吹きつけられた。パニックになったらおしまいだ。努めて冷静になり、そのまま後も見ずにできるだけ走らずまっすぐ歩いて、祖父母の家に戻った。

変な物を見た、とはいえなかった。口に出すと、あの女が本当にやってくる気がした。けれど怖くて、それまでは襖《ふすま》を隔てて祖父母の隣の部屋で寝ていたが、今夜は祖父母と一緒に寝たいといった。祖父母は特に何もいわず、間に布団を敷いてくれた。

その夜、障子の向こうの雨戸を、びしゃびしゃと何かが叩いているような音がしていて目が覚めた。孫が目覚めたのに気づいた祖父母が交互に、こういった。

「気にせず、寝ろ」

いつの間にか、彼は寝入っていた。朝になって目覚めると、祖父母がいなかった。しばらくして、二人で戻ってきた。浜辺に行っていたようだ。

「もう、大丈夫だから。みたいなこといわれました。ぼくは、黙っていました」

それでも気になって、その日は一日ずっと家にいたものの、翌日そっと昼間に浜辺に出てみた。あの女が横たわっていたところに、何かを燃やした跡があった。

月日は流れ、祖父母は亡くなり、家も処分された。あれが何だったのか、わからないままになってしまった。親にも、その話はしていない。特にあの地域に、怖い海の言い伝えなどはなく、血なまぐさい事件もなかったそうだ。

「一度だけ、人魚みたいな怪魚の夢を見たかな。そんだけです」

奥さん

息子より若いＡＤのユウキくんは、今もご両親と郊外の二階建ての家に住んでいる。子どもの頃から、彼の部屋は二階にあった。

なかなか坊ちゃんだねといってしまったのは、二階にほぼ自分専用の風呂があるというからだ。二階にもトイレがあるのはさほど珍しくはないが、風呂はそんなにないだろう。

「ぼくが結婚したときのために、早々に二世帯が住むつもりで作ったと。子どもの頃は、お嫁さんなんて架空の存在でしかなく、イメージできなかったけど。色気づく頃には、まぁ、そんな妄想も生まれるようになりました」

思春期の頃に具体的な誰かではなく、好きなアイドルやＡＶ女優や気になる同級生などをミックスした、理想の女性ができ上がった。

「ずばり、奥さんと呼んでました。奥さんといつも、お風呂に入ってたんです。もちろん妄想の中で。奥さんと湯につかり、洗い場でいちゃついてました」

そうしてたまに、怪奇現象が起きるようになる。

「親が真剣に、女の子を二階に上げたかと聞くんです。二階の風呂場から女の声がしたとか、階段にちらっと女の姿が見えたとか」

現実にはユウキくんは奥手で、家に女の子を連れて来るなんてことはできなかった。

「テレビやＤＶＤの中の女の声だろう、とか。赤いシャツ着てた俺を見間違えたんだよ、とか。適当に、ごまかしてましたが。ごまかすことなんて、ないですよね。いないんだもの、そんな女。でも」

奥さんが現実にはみ出してきて、形を取り始めたのか。少し怖くなった。そこで、色っぽい期待などはできなかった。でも、奥さんの妄想は止められなかった。

そんなある日の夜、いつものように奥さんと風呂に入っていたら、階下で何やら騒ぐ物音と親の大声がした。なんだなんだと思ったら、どたどた階段を駆け上がる音がして、いきなりバーンとドアが開けられた。

「まったく見知らぬ、丸刈りでやせ型の目が細いおじさんでした。『こんなとこにいたのかーっ』と入り込んできて。奥さんを引きずり出したんです」

すべてが、あっという間だった。彼は何もできず、浴槽にしゃがんでいるだけだった。

「親によると変な男がいきなり入ってきて風呂場のドアを開け、『ここじゃない』と二階に駆け上がっていった、とか。親があわてて駆け上がろうとしたときにはもう、男は駆け下りてきて、玄関から飛び出していったって」

その日から、奥さんはいなくなった。男に連れ出されたからだ。

そいつ

美しい女優であるナツキさんは、空想の友達や妄想の彼氏はいなかったが、

「ドッペルゲンガーていうんですか、そっくりな自分を見るってやつ。あれともちょっと違うんですよね。でも、それは私なんです」

というようなことをいう。最初にそれを見たのは、保育園児の頃だそうだ。

「あれが一番古い記憶で、初恋でもあるのかな。お昼ご飯の後、昼寝の時間ってのがあったんです。好きな男の子の隣に寝ようとしたら、可愛い女の子がさっさと場所を取って。その男の子も、うれしそうにその子ときゃっきゃしてる。

私は嫉妬でどす黒くめらめらしながら、後であの女の子をいじめてやろう、なんか意地悪してやろう、と考えてたんです。そしたら、布団の中に変な物があるんです。

なんていうんだろう、人と虫の合わさったような、というか、中間、というか」

ぶよぶよした芋虫に、人の目鼻みたいなものがついている。緑色に透き通っていて、和菓子に見えなくもないそうだ。小さな手足も、イボみたいに突き出していた。

「気持ち悪い、怖い、というより、これは人に見られちゃダメなやつ、とあせりました。その後のことは、記憶にないんです。いつ、そいつが消えたのかも」

それからナツキさんは、小学校の更衣室、中学校のダンスクラブでの部室、バイト先の店内、オーディション会場の控室、などなどで、そいつを見るようになる。

競争相手、恋敵、商売の邪魔、といった立場になった相手に、強い嫉妬や憎悪を持つと、そいつが現れるようになった。

ただ、そいつの出方は不規則で、殺意に近い感情をたぎらせても出てこないときもあれば、ちょっとむかついた、程度でやってくるときもある。

「ひょいっと出てきて、ふっといなくなる。何か話しかけてくるとか、相手にひどいことをしてくれるとか、それもない。ただ出てきて、いなくなるだけなんです」

いつの時点でそれが自分だと気づいたかも、よく覚えていないそうだ。

「怖くもないし、親しみも感じない。なんというか、吐瀉物みたいなもんなんです。汚いけど自分の中から出てきた物だし、他人には不快だろうから見られたくない」

そんなナツキさんだが、ここ十年ほど見ていなかった。気持ちが安定した、博愛主義になった、ということもなく、なんでか見なくなったなぁと思っていたら。

「昨日、久しぶりに飲み過ぎて、これまた十年ぶりくらいにトイレで吐いたんです。まさに吐瀉物の中に、あいつがいました。私の中から出て来たんですね」

もう二度と、あいつは現れない気がしますねと、ナツキさんは艶やかに微笑んだ。

繰り返す

心霊動画や怪談で、自分が死んだことがわかっていない、もしくは納得がいかないのか、何度も死の場面を繰り返す、というのがある。

ビルから飛び降りた人が、何度もそのビルから飛び降りる姿を目撃されたり、首吊りがあったという廃墟で動画を撮ったら、生々しく揺れる首吊り死体が映り込んでいたとか。

ある芸能人は、奥さんの実家に行ったとき最上階の人がその家のベランダに落ちて来る、という経験をした。その後も奥さんの実家に行くと、毎回ではないし姿も見えないが、ベランダからドーンという音を聞かされるという。

あるライターは、近所の公園のあるベンチに近づくと、目に見えない何かが激しく燃えている熱波と、焦げる嫌な臭いを嗅ぐときが何度かあった。かなり昔、そこで焼身自殺があったと、古くから近所に住む人に聞かされた。

隣のマンションに住むホストによると、客だった女の子が店のあるビルから飛び降り自殺をした。それは私もニュースで見て、あのビルだなとわかった。

「あの子、かなり前から情緒不安定で、いきなり店内で手首を切ってソファも血まみれ、大騒ぎになったこともありましたよ。

俺、彼女にストーカーされて、ドアを開けたとたんに瓶で殴られたこともありました。だけど、そのビルから何度も飛び降りる姿を見せられるとか、店のソファが何度も血まみれになるとか、ドアを開けると幽霊に瓶で殴られるとか、それはないです。でも」

彼女からは、ブランド物のバッグや服、高価な時計などいろいろもらっていたが、すべて処分、つまり売り払っていた。

しかし彼女に借りた漫画本だけが、部屋の隅にあった。彼女が好きで、おもしろいから読んでみてよと押し付けられたものだった。正直、彼はおもしろいと思わなかった。

「借りたまま忘れてて、彼女が死んだ後もそのまんまになってました。安すぎて売れない、ってのもありますが。一つくらい形見を残しておかなきゃ、たたられる気もして」

ある日ふと手にして、最初から読んでみた。そしてあるページに来たとき、猛烈に気が重くなり、死にたい、などと泣いてしまった。そして、湧き上がるなんともいえない憎悪と悲しみと怒りと後悔。漫画は別に、気が重くなる内容ではない。

「あっ、あいつはこの漫画のこのページを読んでるとき、俺への感情をたぎらせていたんだな、とわかりました」

それから、何度その本を開いても、そのページのところで感情が高ぶる。

「これこそ処分した方がいいのかもだけど、供養として持っておきます」

忘れ物

半年ほど前のことです、と独身OLのアオバさんはいった。電車を降りて駅の階段を下りていたら、後ろから見知らぬおばさんに呼び止められた。

「忘れものよ、座席に置いたままにしてたわよ。って」

ちょうど母親くらいの年頃で、色の濃いサングラスに大きなマスクをしていたが、小柄でぽっちゃりして普通の人っぽかった。手に、コンビニの白い袋を持っている。

「でも、それは私のじゃないんですよ。その日はコンビニで買い物なんかしてなかったし、それに私、座席に座ってませんでした。ずっとドアの前に立ってたんです」

違います、といったのに。おばさんは強引にアオバさんの手を取り袋を持たせると、体型や歳に似合わない素早さで階段を駆け下りていき、あっという間に見えなくなった。

困ったなぁ、と階段の中ほどで立ち止まって袋の中を見て、一瞬息が止まった。

「落花生の殻がぎっしり詰まった中に、バラバラにしたビニールっていうのかプラスチックっていうのか、女の子向けの人形の手足が、これもぎっしり入っていたんです」

ただ、頭が見当たらなかった。もしかしたら下に埋もれていたのかもしれないが、あまりの気持ち悪さと驚きと不快さと怒りで、よく確かめなかった。

袋の口をしっかり縛り、構内のゴミ箱に捨てた。

「変な嫌がらせをされた、って駅員さんに話そうかと迷いましたが、実害ってないんですよね。おばさんにも悪意はなく、何かの拍子に本当に私のものだと思い込んで、親切心で追いかけてきてくれただけかもしれないし」

何日かはそれを覚えていたが、忘れかけた頃。アオバさんは会社の飲み会で遅くなり、どうにか終電に間に合った。座席に座ってうとうとしていたとき、隣にどこかで見たことあるな、知り合いだったかな、という人が座った。

ちょうど母親くらいの年頃で、色の濃いサングラスに大きなマスクをしていて、小柄でぽっちゃり……。何か嫌な雰囲気が漂ったが、睡魔に勝てなかった。

降りる駅で止まったとき、隣には誰もいなかったが、コンビニの袋が置いてあった。

「あれっ、忘れ物かな、と思った瞬間、ぞっとしました。中身が見えたからです」

この前のより、一回り大きくなった袋。ぎっしりと詰まった落花生の殻。その中に、人形の首がぎっしりと埋もれていた。

誰かに、忘れ物ですよと呼び止められないよう、大急ぎで降りて走った。

「それから今のところ、何もないです。でも何もかも、意味がわかりません」

おばさんの顔がまったくわからないので、次は素顔で来られたら嫌だなと付け足した。

大きな獣

道に迷って同じところをぐるぐる回る、という経験はわりとよくある。それは怪奇現象ではなく、単なる方向音痴というものだろう。普段は道に迷わない人達がそういう目に遭うのは、怪奇現象かもしれない。

編集者のタヤマさんがまだ学生時代、免許を取ってすぐ、当時の彼女を乗せてドライブに出かけた。当時はまだカーナビは一般的でなく、助手席の彼女が地図を見ていた。さほど遠くない観光地を目指していたのだが、二人ともそこは初めて向かう場所だった。

「なんか、トンネルの前まで二人ともハイテンションだったんですが。入ってちょっとしてから、なんかどんよりしてきたんです。長いトンネルだなぁと、イライラするより不安になってきて。いや、トンネル自体は特にどうってことなかったんですが」

やっとトンネルを抜けたら、異様な景色が広がっていた。

「これ、日本じゃないだろ、って景色でした。熱帯のジャングルなんですよ。植物園やテーマパークでもない。異様に大きな椰子の葉や、ココナッツの実が生ってる木は手入れされてない、自生している本物。とにかく、南洋の景色なんです」

気がつけば、自分達の車しか走ってない。道がアスファルト舗装から土や獣道になっていたかどうかは、記憶にないという。

「ちょっと降りてみよう、と二人で路肩に停車して近づいてみました。そしたら、ふっとかき消えて、ありふれた日本の田んぼと民家みたいな景色に変わりました」

二人は無口になったまま、車に戻った。ドアを開けると、ものすごい勢いで何か生臭い大きな獣が吠えて飛び出し、走り去っていった。

「とりあえず車を走らせたんですが、後戻りしたんじゃないのに、なんとまたあのトンネルが出てきた。それを抜けるとまた、南洋のジャングル。その繰り返し」

二人とも、黙りこくっていた。何か口にするのが怖かった。とにかく、絶対にもう車を降りないことにした。それは互いに、言葉に出さずに取り決めていた。車の中から飛び出していった、大きな獣の影。あれが戻ってくるのは避けたかった。

「何度目かにやっと、目的地に着けました。怪奇現象はなかったことにして、無理にはしゃぎました。遠回りして違うルートで戻って、帰り道は変なことはなかったな」

しばらくしてタヤマさんは彼女と、自然消滅に近い形で別れた。

「彼女のことを思い出そうとすると、異様に生々しくジャングルではなく、車から飛び出していった獣の体臭やうなり声がよみがえるんですよね。それが彼女に変わるんです。あちらも、そうなんじゃないかな。獣がぼくに変わる」

本来の自分

人それぞれだろうが、大がかりな美容整形をする人は、生まれ持った顔を変えるのではなく、本来の自分の顔に戻るだけ、手術後の顔が元の顔、といった意識でいるようだ。

性転換をする人も、そうではないかと想像する。性別を変更するというより、本来の性に戻すといった気持ちでいるのではないか。

あるクラブのママに聞いた話だが、以前いた店にものすごい整形をした同僚がいた。マリーという女は、元はあっさり和風のこけしみたいな童顔だったのに、西洋人とのハーフみたいになってしまったとか。

「元の顔を知らない人達に、『子どもの頃からこんな顔で、学校でいじめられたの。父は母が白人と浮気したんじゃないかと、疑ったというし。英語なんか全然しゃべれないのに、いつも外国人に道を聞かれて困ってます』みたいな話をするんですよ。

次第に記憶も整形、じゃないか、書き換えてしまって。元のぺったんこな顔を知っている私達にまで、真顔でそういう話をするようになっていったんです」

そんなマリーが、ある日ふっといなくなった。指名客もたくさんいたのに、誰も連絡が取れなくなってしまった。

「昔の顔写真で捜索願を出しても、絶対に見つからないね、なんて冗談も流れました」

それからしばらくして、マリーの幽霊が出ると噂されるようになった。

「私も、見ました。店の入っているビルの、一階エントランス。物陰に、じっとたたずんでました。あれっと思ったのが、元の顔なんですよ。

整形前の、ごくごく日本人的な顔。近づいたとたん、ふっと消えました」

知り合いから、マリーの幽霊を見たという話が相次いだ。それが決まって、元の顔だったというのだ。整形後の顔の幽霊を見た人が、まったくいない。

マリーと面識がない人からも、店の周辺で女の幽霊を見たという話が出てきて、どのような顔立ちだったかと聞けば、元の顔の特徴を答える。

「やっぱり、マリーはもう死んでるんでしょうね。自殺や事故ではなく、殺されたんじゃないかな。思うに、元の顔をよく知る人が犯人よ。これは想像にすぎませんが、元の顔のときに強い因縁があった相手、という気がするわ」

二十年近く経って、まだマリーは見つかっていないという。幽霊が目撃されることもなくなり、成仏したんじゃないか、と昔からの知り合いはいっているが。

「あの世で整形して、もっと違う顔になってるから、出てきても私達にはわからないのかもしれませんね」

歯形

　今もエステティシャンとして都内の店に勤めているレイさんは、変わった客や嫌な客を担当したことはいろいろあったが、怪奇現象といえるものは一度しかないという。

「前にいた所は、高級ホテルの中にあるサロンだったんですが。一つの部屋でだけトラブル、クレームが相次いでたんです。幽霊が出るとかじゃなく、エステティシャンの態度が悪いだの、合わないローションでかぶれただの、冷房ききすぎてて風邪ひいただの」

　普段からクレーマーで知られた客ばかりでなく、いつも機嫌がいい客までささいなことで激怒したり、人格者で知られた有名人客が突然、変なことを口走って騒いだり。

「いつしか、あの部屋には幽霊が出るだの、霊界に通じる道があるだの、いわれるようになりました。といっても別に、そこで死者が出たわけでもないし、常連客が不審な死に方をしたなんて話も聞きませんでした」

　レイさんは何度かその部屋に入ったが、特に何もなかった。それがある日ついに、来た。

「お客様がシャワーを浴びている間に、施術台を整えたりしてたんですが。不意に背後から、女に抱きつかれたんです。最初、お客さんの悪ふざけかと思いましたよ。

　でも、鏡を見たら誰も背後にいないし、シャワー室にお客さんがいる気配もある」

なのに、絶対に背後に女がいる。姿は見えないのに、髪の長さや肌の質感、体格もわかる。吐息に体臭までが、生々しい。感情までは、伝わってこなかった。

「疲れているんだ、自分にいい聞かせました。幽霊が出たなんて騒いだら、お客さんにも店にも迷惑かかるし。アタマおかしいといわれるのも嫌でした。それよりも、なんていうか幽霊に腹を立てたんです」

お前なんかの思う壺になってたまるか、という意地や負けん気も芽生えた。

そうこうするうちに、ふっと背後の女は消えた。滞りなく施術も終え、お客さんも笑顔で帰ってくれた。後片付けをしているときも、特に何事もなかった。

ところが仕事を終えて着替えて帰るとき、店長に呼び止められた。

「そのときは夏だったんで、半袖に短めのパンツだったんですが。露出している腕や膝の下に、歯形がくっきりついてたんです」

誰かに噛まれた覚えもなく、自分で噛むこともできない位置だった。

「思わず、あの部屋の幽霊にやられました。そう、いっちゃったんです。そうしたら店長、しばらく沈黙したのち、お客さんに噛まれたことにしよう、といったんです」

実害を与える幽霊が出るほうが、困る。変な客も来る、ということにした方がいい、と。

「この店長、嫌だな。それで店は辞めました。幽霊のせいじゃないです」

呪憶

　今も地元に住む彼らとは、中学校だけが同じだった。

「あの高校んときのキャンプは忘れられないよー。誰かが缶ビール持ち込んできて、テントの中で回し飲みしながら、まだ誰も経験したことなかったから、子どもっぽいエロ話をしてただろ。志麻子はあの頃から、エロ話が得意だった」

　同窓会ではないが、何人かで集まったときにそんな話が出てきた。その話は、地元の友達はよくしているようだったが、私はそのとき初めて聞いた。

「いきなりバッと出入口をめくりあげられて、先生かとみんな緊張したのに。場違いに派手なオバサンで。げらげら笑いながら入り込んできて、一緒に飲みましょうとかいって、どこに隠し持っていたか、どどーんと二ダースくらい缶ビールを持ってきて」

　周りにいた何人かが、苦笑した。

「子どもだからビールで泥酔して、わけわかんなくなってるところに本物の先生がやってきて、一網打尽。みんな謹慎一週間くらったな。志麻子だけがその反省文がうまくて、やっぱり作家になるやつは違うと後からみんな感心した」

　そこで一人の元男子生徒が、口をはさんだ。

「お前、その話をよくしたがるけど。一つ必ず間違ってる、肝心なとこ。テントに入ってきたのは、変なサンタクロースの扮装したオッサン」

するとと次々に、男女問わずみんなが話に割って入ってきた。

「えっ、派手なオバサンだったってのは私も覚えているけど、持ち込んだのはビールじゃなくウィスキーだったよ。生まれて初めて飲んだウィスキーが、それ」

「わしゃ、サンタクロースのオッサンと記憶している派だけど。袋から出したのはシンナーの缶だった。こりゃヤバいと、わしが先生を呼びに行って、オッサン消えた」

「缶ビールどっさり、は覚えてる。私、三缶くらい飲んだ。先生に怒られている間ずっと、トイレ行きたくなって困ったもん。でも、それ持ってきたのは志麻子じゃなかったっけ。そうだよ、志麻子だよ」

なぜかみんな、ちょっとずつ、いや、かなりざっくりと記憶が混濁し食い違っている。

だが、私としては最も肝心なのは、私はあんたらとは中学校だけが同じで、高校はみんな別だったということだ。つまり私は、その場にいなかったのだ。

なのに私も、そのときの記憶があるのが困る。テントの中に入ってきたのは、妙にぬめぬめした肌の美女だった。のぞいた舌が真っ赤だった。彼女が出て行った後、テントの外に出たら。白い蛇の死骸があった。ああ、これか、と納得したのだ。

テレパシー

たまにヘアメイクについてくれるヒロくんは、定期的に予知能力を発揮するという。といえば、大災害や戦争、誰もが知る政治家や芸能人の死去を当てるかと思ってしまうが。

「明日の現場のロケ弁は、××店の中華弁当だとか。次に降りてくるエレベーターには、あのヘアメイクさんが乗ってるとか。ADが打ち合わせ場所にガムテープを忘れていくとか、もうほんっとにどうでもいいことばっかり当てるんです」

それはいつもではなく、何かをきっかけに、でもなく、思い出した頃にふっと来て、またふっと去るという。今はその時期ではない、ともいう。

「これまた忘れかけていた頃に、同じくらいどうでもいいテレパシーも目覚めますよ」

テレパシーもまた、相手の考えが詳細にわかってしまうとか、地球の裏側にいるような人に瞬時に話が通じてしまうとか、しかも重大な内容が、と思ってしまいがちだが。

ある司会者とすれ違ったとき、ぱっと頭にハンカチが浮かんだ。後で聞いたら、貰い物の大事なハンカチをトイレに忘れてきたと、司会者はあわてていたらしい。

食堂のオバサンが無言で、B定食にして、と心の中で叫んでいるのでB定食にしたら、あ〜よかった、A定食が残り少なくなってたの、といわれたとか。

ちなみに、その予知能力とテレパシーは同時には発揮できないそうだ。ともあれ、私は食いついてしまった。どちらかの能力を発揮できるとき、居合わせたいと切に祈った。

それから何か月かして、やっとヒロくんに会えた。そして局内で何かの拍子にヒロくんと二人きりになったとき、不意にこんな話をされた。

「子どもの頃に親と乗ったフェリーの、デッキというのかな。そこに出たら、ぼくくらいの子とおじいさんが椅子に座ってぼんやりしてたんです。なんだか貧しげで寂しげで、ちゃんと言葉にして考えたんじゃないけど、生きるって大変だな、みたいに感じました」

すぐに彼は中の座席に戻り、その老人と孫娘に会うこともなかったというが。

不意にヒロくんは、志麻子さんうどん好きですかといった。ちょうどそのとき私は、うどんを食べたいと思っていた。ヒロくんのそのフェリーとは違うが、私が故郷でよく乗っていたフェリーは、食堂のうどんがおいしかった。

「あっ、テレパシーが出て来た」

と叫んでしまった。そこに、ヒロくんと親しい芸能人が来た。さっきまでの話をすると芸能人は、あっと手を叩いた。謎が解けたと。

「ヒロくんね、そのフェリーの話をすると必ずテレパシーが目覚めるんだよ」

ちなみに、予知能力の方のきっかけは、まだ謎だ。

彼の顔

ＯＬのユキちゃんがかなり人数の多い合コンに出て、久々にピンとくる男に会えた。向こうもまったく彼女に興味がない、という感じではなかった。

合コンの仕切りで名高い同僚に相談すると、もっと人数を絞った合コンを開いてくれることとなった。そこに例の彼も呼び、前回より会話できる機会を増やそう、と。

そして二度目でかなり接近でき、連絡先の交換もできた。二人で食事しますか、と具体的な次の約束、未来につながりそうな話もできた。

ユキちゃんは学生時代からの友達の何人かに、ラインで画像を転送した。大勢での合コン、人数を絞った合コン。まだ彼氏ではないが、好きな彼の自慢もしたかった。転送した直後には、イケメンじゃん、といった期待通りの返信がいくつか来たのだが。

翌日、ある友達から妙なラインが来た。要約すると、こんな感じだ。

「会社のパート社員に、『視える』と噂されている女性がいる。気さくなオバサンだし、自分から私はすごい能力があるともいわないし、噂を聞いた人に視てほしいと頼まれて視ても、悪いことや不安にさせるようなことは極力いわない。

でも、当たっていると評判だ。そのオバサンに何気なく、あなたの画像を見せてしまった。例の合コンのときのだ。

するとオバサンは、どちらにも怖いものが映っているという。てっきり心霊写真だと思って、よくわからないけどどこですかと聞いたら、あなたが好きな彼を指した。

『もちろん、これは生きた人。でも、限りなく怨霊や鬼、妖怪に近い』

あのオバサンがそんなことといったの、初めてだった。私もそういうのを完全に信じているわけじゃないけど、なんとも気味悪くてもやもやする」

パート社員はさておき、その友達もそういう嫌な、水を差す話をするような性格ではなかった。なんともいえない気分になって、とりあえず彼との連絡や合コン好きの同僚からの誘いは、なんだかんだと理由をつけて先延ばしにしていた。

それからしばらくして、例の彼氏をニュースで見た。元カノに未練たっぷりでストーカーとなり、ついに殺害してしまったのだ。合コンに出た頃も、新しい交際相手を探すふりをしながら、元カノにストーカーを続けていたことになる。

仕切り屋の同僚も、言葉をなくしていた。しかし友達に連絡を取ると、あのパートのオバサンはもう辞めてしまったという。遠方の娘の嫁ぎ先に、同居するからとかで。

「どんなふうに彼の顔が見えていたのか、もっとちゃんと聞いておけばよかった」

彼の画像は消したが、彼を思い出そうとすると、怖いというより空疎な顔が浮かぶのだ。

自分の未来

私のスマホやパソコンにも、すでにこの世にいない方々の画像や動画が保存されている。特に怪奇現象が起きたことはないが、知り合いのユカさんはぱっと見ただけで、

「この方、もう亡くなってるでしょ」

と、正確に物故者を見分けられる。一人も間違わず、いい当ててしまうのを目の当たりにした。大昔の写真ではなく、ユカさんの知り合いでも有名人でもなく、そんな老人でもない、健康的な笑顔でなんでもない様子で映っている人達だ。

でも、この人とこの人は今はこの世にいない、と直感してしまうんだそうだ。

「私の変な力って、ここまでなの。ただこの世にいない、としかわからない。死因が何か、まったく見えない。もちろん、死者を呼び出したりはできない」

交番などに行方不明者、指名手配犯の写真が貼ってあるが、あれももちろん見分けられるという。しかし、それを警察官にも捜索願を出している人にもいったことはない。そもそも、霊感でわかるなどといっても、不審者や不謹慎な人と見られるだけだ。

「逆に、この人は生きている、というのもわかるわけだけど。これも、ただそれだけよ。今どこそこにいます、というほどの能力があれば、お役に立てるんだろうけどね」

ある仕事の現場でそのユカさんの話をしていたら、そこで初めて会ったテレビ制作会社のフジイさんが、仕事とは関係なくぜひユカさんに会いたいといってきた。

そして三人で会ったとき、フジイさんは古い画質の荒い動画を見せてくれた。もう二十年近く昔、やっと携帯電話で動画が撮れるようになった頃のものだ。

場所は何か大きなパーティー会場のようだが、派手な女子大生が何人かフロアの一角で踊り、飛び跳ね、さかんに「アツいアツい」と叫んでいる。もちろん本当に会場が暑いのではなく、みんなの熱狂をいっているのだろう。

今の落ち着いた雰囲気のフジイさんが、イケイケギャルの一人なのにも驚いたが。

「一緒にいる、この子。シオリっていうんですが、これを最後に会えなくなりました」

フジイさんが指したのは、ひと際きれいな子だった。ところがシオリは動画の終わりかけで、「サムいっ」と叫ぶ。みんながアツいアツいという中で。

ユカさんは申し訳なさそうに、しかしきっぱりといった。シオリさん死んでますね。

それからしばらくして、フジイさんから連絡があった。シオリさんの彼氏だった男は父親がすごい有力者で、自家用クルーザーも持っていた。

「ふと思ったんですが、シオリは彼氏に殺されて海に捨てられたんじゃないかな。サムいっ、といったのは、まるで自分の未来を予見していたみたい。海の底は寒いだろうな」

忌憶

風俗嬢をしているミスズさんは、田舎のお祖父《じい》ちゃんちにまつわる妙な記憶がある。

「田舎の、すごく古い日本家屋なんです。座敷に練炭を入れてる掘り炬燵があって、台所は土間。トイレは汲み取り式で、お風呂も薪を燃やす鉄のお釜みたいなやつ」

というふうに、かなり隅々まで詳しく覚えているのだが。不思議なことに、肝心のお祖父ちゃんとお祖母ちゃんが、まったく記憶にないという。

「夏や冬の休暇に一人で泊まるんですが、父方なのか母方なのかもわかんないんです」

というのもミスズさんのお母さんは高校生くらいの年頃で、未婚のままミスズさんを産んだ。お父さんに当たる人は会ったこともなく、ミスズさんは物心ついた頃から施設にいて、たまにお母さんが来たり、それこそ夏や冬の休暇には家に戻れた。

「お母さんはずっと独身でしたが、パパと呼ばされる男がときどき変わりました」

男がいないときや男が貧しいときは、小さなアパートや公営の団地。金回りがいい男といるときは、高級マンション。といったふうに、実家と呼ぶ家もよく変わった。

「でも、いつも行くお祖父ちゃんちはずっと一緒。ここだけは変わらないんです」

ちなみに、その家の写真は一枚もない。幼いときカメラ付き携帯も持っていなかったし、お祖父ちゃんもお祖母《ばあ》ちゃんも撮ってくれなかった、と。

「いつも寝ていた部屋は、庭に面した四畳半くらいの部屋で。隅に、仏壇がありました。白黒の遺影が飾ってあるんだけど、それも誰だか、どんな顔だったか、覚えていません」

その部屋から見える庭には柿の木があり、艶々した柿は食べたいけど近寄れなかった。

「毒々しい毛虫もたかってました。その中に、小さな人の顔がついたやつが混ざってるんです。これもはっきり覚えてないけど、どれも同じ陰気な男の顔だったような」

ある夜、寝苦しくてお腹がすいて喉が渇いて、庭の柿を食べようと起き上がった。とたんにバーンとものすごい勢いで、仏壇の遺影が飛んできて頭を直撃、衝撃と痛みと驚きと怖さで、ミスズさんはうずくまった。

「気がつくと朝になってて、庭の柿の木になっていた実はすべて無残に食い荒らされていました。その後から、お祖父ちゃん家の記憶は途切れます」

お母さんは、そんな家はないという。お母さんも親との縁が薄く、やはり施設育ちだ。だからお祖父ちゃんの家など実在せず、何かのドラマや映画の記憶がごっちゃになったものを自分の記憶にしているのかなと、そんな気はする。

「なんとなく、母自身も隠しているか、忘れているか、とにかく母の持つ忌まわしい記憶ともごっちゃになっているかな、という気がします」

雪女

雪が降ると、思い出す。といえばなんとなくロマンティック、楽しかったことか郷愁的なことかと思われがちだが。ときおり、怖いものと結びついている人もいる。

ＡＤミウラくんは南国ではないが、温暖なイメージの地方出身だ。

「冬は寒いっちゃ寒いですが、あまり雪は降らなかったですね」

そんなミウラくんがある日、近所の友達と学校から帰る途中、いきなりものすごい雪が降りだした。あっという間に辺りが真っ白になり、視界が閉ざされた。

確か、郵便局の前を通りかかったところだったが、郵便局は影も形もない。

あらゆる音も消えてしまい、真っ白な中空に独りぼっちで放り出されたみたいになったミウラくんは、パニックにおちいりかけた。友達の名前を呼んでも、返事がない。とにかく、前方と思しき方に駆け出した。息が切れるほど、走った。

不意に、女が現れた。その女の姿だけは見え、声も聞こえる。女は、毛布かストールみたいなものを広げ、この中に入りなさいという。

「その女の人が現れたときはほっとしたけど、その広げたものの中に入っちゃいけない、という強い警戒心、これは危険だ、という直感もありました」

いらないです、いいです、といいながらも女の後についていこうとしたら、突如として視界が開けた。嘘のように雪はかき消え、ちらほらと粉雪が舞っているだけで、積もった形跡はない。瞬時に雪かきなどできるはずがない。じゃあ、さっきの雪は何だ。

そこは、郵便局の前だった。かなり走ったつもりでいたのに、謎の大雪に襲われてからほとんどその場を動いてなかったようだ。そして友達も、ぽかんと立っていた。

あの女は、どこにもいない。ミウラくんは友達の表情から、こいつも間違いなく大雪に襲われたのだとわかった。そして、もう一つ。

「なんか、女が来たよね」

ぽつんと、友達が先にいった。うなずきながらも、戦慄した。女は二人いたのか。ミウラくんの元に女が現れたとき、友達はいなかった。友達の元には、別の女が来たのか。

「ぼくんとこにも来たよ、女。絶対、同じ女だよ」

ところが二人とも、その女をどうしても思い出せないのだった。年頃も服装も顔も声も。ただ大きな布を広げ、ここに入れといわれて断ったのは共通する記憶だ。

もし、その中に入っていたらどうなったんだろう。二人はその女について触れることを、一切やめてしまった。以来、二十年近く経つ。その友達との縁は切れてしまった。

「もしかしてあれ、雪女ってやつだったのかな」

肉片とマニキュア

別のところにも何度か書いたが、韓国の有名な殺人事件を小説にするため、現地に渡っていろいろと取材させてもらった。犯人を逮捕した刑事がいる警察署にも行き、日本では考えられないことだが掘り起こした遺体の写真なども見せてもらった。

バラバラにされた女性の遺体ばかりだったが、顔や胴体が腐り果てているのに、手だけが妙にきれいで生々しかった。真偽のほどは不明だが、刑事はこういった。

「マニキュアの防腐剤のせいですよ」

これも都市伝説めいているが、最近の遺体は添加物が蓄積されているため、昔に比べて腐りにくいとも聞いた。というふうに、腐ったものも怖いが、腐らないものも怖い。

行きつけの飲み屋でママとそういう話をしていたら、そのとき初めて会った若いカップルが乗っかってきた。男はコーくん、女はサリちゃんといった。

コーくんは小さい頃、田舎に住んでいたお祖父ちゃんと山に山菜か茸《きのこ》を採りに行き、草むらにうつ伏せになっている女の死体を見つけてしまったという。

「人間の残骸って感じだった。臭くはなかったけど、けっこう腐ってて。ミイラと白骨の中間みたい。顔が見えなかったから、そんな怖くなかったのかな」

全裸にされ、持ち物は一切ない。それでも身元がすぐわかって犯人も捕まったのは、女の口の中に食いちぎった犯人の指の肉片が残っていたからだという。

「その辺りのことはニュースにもなったけど、祖父ちゃんが警官に聞いてきたんですよ。祖父ちゃんは冷静に携帯で警察に通報して、ぼくを背負っていったん山を降りました」

女の口の中に残っていた肉片は、男の人差し指の腹の部分で、くっきり指紋が残っていた。その指紋の持ち主は前科があり、そこから犯人と被害者が割り出された。

「だけど不思議でしょ。女は腐って半ば白骨化してたのに、口の中の肉片はほとんど傷まず残ってたんですよ。これはもう、女の執念としかいいようがないですね」

サリちゃんも子どもの頃、親戚の女性が若くして自殺し、その墓で不思議なことがあったという。それは私の故郷にも言い伝えがあるが、私は目の当たりにしたことはない。

「お供え物が、いつまでも腐らないんですよ。私も故郷はけっこう田舎なんですが、カラスが食べようともしないお供えの饅頭や果物が、一か月くらいずーっと変わらずそのままあるんです。これは成仏していないってことだと、改めて供養が行われました」

うちの田舎でも、そうする。そうして供えたものが鳥などに喰われ、または腐る。

それにしても、サリちゃんは派手でおしゃれなのに爪だけは地味でマニキュアを塗らず、コーくんは両手の人差し指に絆創膏を貼っていたのはちょっと気になった。

双子の妹

ごく普通の主婦であるカズエさんは双子として生まれてきたが、妹は死産だった。

母のお腹の中にいるときから、妹は死んでいたも同然だった。というのも、妹さんは先天的に上半身がなく、腰から下しか形成されていなかったのだ。

実家の墓地に葬られたが、上半身がないので写真もない。それでも、なんとなくその話は知っていた。そして姿は何も見えないが、誰かがいる、そこにいる、というのは感じ続けていた。しかし、いってはいけないとなんとなくわかっていて、ずっと黙っていた。

「妹も、一緒に成長していったんです。始めは何もしゃべらず何もせず、ただいるだけって感じだったのに。だんだん、動き回ったりいたずらもするようになって」

妹はいつもいるわけではなく、ふっと思い出したように現れる。それを親も周りの人も、なんとなく感じるときもあった。まさか妹とは思ってなかったようだが、

「あれっ、今誰かそこにいた？　とか。笑い声が聞こえたような、とか」

学校に上がっても、誰にも妹の話はしなかった。カズエさんが双子として生まれてきて、妹が可哀想な姿をしていて生まれる前に死んだ、というのも、ごく近しい親戚しか知らないことだった。それでも妙に勘というのか霊感なのか、それが鋭くて気づく子もいた。

仲良くなったクニちゃんという子が、それだった。あるときクニちゃんと近所の公園に遊びに行き、ブランコに乗っていた。それは丸太でできていて、何人もの子が同時に乗れるものだった。そのときはクニちゃんと二人だけで、ゆらゆらしていたのに。

「誰かもう一人乗ってる、というんです。そのとき私も、妹がいる、と感じました」

突然、やめてよ、とクニちゃんが叫んだ。びっくりして、カズエさんは飛び降りた。

「クニちゃんも降りて、悪い子がカズエちゃんを突き落とそうとしてた、といいました」

そのとき初めてカズエさんは、妹に向かって話しかけた。もう来ないで。今までは、気づいていないふりを続けていたけど。

次の瞬間、耳元で異様な声がした。それは形容しようのない、気味悪いものだった。人の声といえばそうだが、獣のようでもあった。何よりカズエさんは、頬《ほお》を叩かれた。妹は、手がなかったはずなのに。

そしてその日から、ぴたりと妹の気配は消えた。

「クニちゃんに思い切って、妹の話をしてみました。そしたらクニちゃん、それ妹さんじゃないよ、というんです。ずっと妹のふりをしていた、何か別物だと。本物の妹さんはもう成仏してる、みたいな大人びたことをいいました。

クニちゃんとは高校が別々になって、疎遠になりました。今も、霊感あるのかなぁ」

普通の人

　何度も書いているし話してきたが、私はこれぞ幽霊、というものは見たことがない。だから、なんとなく半透明でぼや〜っとしているのかと思っているが。見た人に聞くと、

「まるで紙みたいに厚みがなくて、ぺらっとした感じ」

「なんかおかしいなと後で思い返したら、その人だけモノクロ、色がなかった」

「遠近感や距離感がおかしいの。はるか遠くのビルの上にいるのに、すぐ隣にいるくらいの大きさの顔に見えたり。離れた部屋の隅にいるのに、耳元でささやかれたり」

「夫婦そろって幽霊を見たんだけど、私は白っぽい服だったというのに、旦那は黒ずくめだったというの。もしかして、同時に別々の幽霊を見たのかな」

　みたいな、ぞくっとリアルなことをいう人もいるが。意外と多いのが、こういうのだ。

「まったく普通の人だった。どう見ても、どこから見ても、生きた人だった」

「後であの人はもう死んでると教えてもらうまで、幽霊を見たことに気づかなかった」

　実は私も何度も幽霊を見ているのに、気がついていない、ということも考えられるか。

　やや年下の編集者シバタさんは、そのパターンの幽霊に会っている。

　出張でとある地方都市に初めて出向き、仕事を終えて夜の街に出た。適当に駅前の周辺

をうろついていたら、なんとなくなつかしい感じのする店を見つけ、飛び込んでみた。するとカウンターに、高校時代の担任ニイヌマ先生がいた。客ではなくマスターとして。なんで都内の高校の先生が、こんな地方で飲み屋を、というのも不思議だが、さらに不思議なのは、ニイヌマ先生はとうに亡くなっていることだった。

そっくりさんではなく、絶対に先生だった。先生も、シバタくんと呼びかけてきた。

「あまりにも自然で、先生って亡くなってますよね、といえませんでした」

シバタさんが社会人になってしばらくしてニイヌマ先生は病気で亡くなったと聞いたが、もし生きていれば八十を超えているはずだ。どう見てもニイヌマ先生はシバタさんと同い年くらい、つまり亡くなった年頃のままだった。

「こういう話のオチとしては、翌日その店を訪ねたら跡形もなかった、ですよね。それ怖いから、また行ってみることはしなかった。それっきり、先生には会わないです」

何を話したかもよく思い出せないが、ハラダは元気か、と盛んに聞かれたことだけは妙に覚えている。しかしシバタさんは、ハラダなる同級生がどうしても思い出せなかった。

そもそもシバタさんは、特にニイヌマ先生に目をかけられていたとか、恩師と慕っているとか、まったくない。何の意味があって見知らぬ地方で会ったか、まるでわからない。

これだけは後から調べてみたが、高校生のときハラダという同級生はいなかった。

偽の記憶

今は都会の優雅なアラフォー奥様だが、アカリさんは故郷の町にいた頃は、ギャルというよりヤンキーだったという。

「そんなすごい非行に走るわけでもなく、家族仲もいい、いわゆるマイルド系ですけど」

その日アカリさんは、仲間と車で隣の県にあるキャンプ場に行こうとしていた。ところが、なぜか唐突にリーダー格のヤス先輩の気が変わった。

「海水浴場に変更だ、なんていい出して。誰もヤス先輩には逆らえなかったんですよー。みんな途中でホームセンターに寄って、水着とか買いました」

その仲間にいた同い年のサトシが、当時のアカリさんの彼氏だった。そしてミチというのがヤス先輩の彼女で、モデルみたいなスリム体型だった。

当時ぽっちゃりを気にしていたアカリさんは、みんなの前で水着になりたくない、ミチと比べられたくないと、あからさまに態度や口には出せないが落ち込んだ。

「みんなが砂浜でワイワイしているとき、一人で泳ぎに出ました。でもって、そんな深くもないところで溺れちゃったみたい。だけどみんな、しばらく気がつかなかった」

目を覚ましたのは、病院のベッドの上だった。なんと丸一日、意識が戻らなかったのだ。

そしてアカリさんには、それは後遺症の一つだ、みたいに心配されたことがある。

「みんなとキャンプ場に行った。そんな記憶があったんです。海水浴場に行った記憶が、一つもない。でも、海水浴場の写真も残っているし、私の記憶だけがおかしいんです」

アカリさんの中では、みんなでバーベキューして飲み過ぎて、一人でテントに戻って寝た、となっている。そして目が覚めると病院だった、と。

「行ってないはずのキャンプ場の記憶が、異様に生々しいというか、現実にあったこととしか思えない鮮明さで残っているんですよ。焼けた肉の味、焦げたと騒いでいたサトシの声、炊事場とかトイレも、写真に撮ったように頭に残ってて」

後でそのキャンプ地を調べたら、設備が自分の記憶にあるものとことごとく一致した。

「なんとなくその退院後から、私は変わりました。勉強するようになって、仲間と距離をおくようになって。そうして都会の大学にも進み、サトシとも別れました」

ぼんやり浮かび上がるたび、押さえつけて封印する。そんな怖い記憶もあるという。

「ヤス先輩に口説かれて、山の中で浮気しちゃう。それをサトシに見られてサトシがヤス先輩を殺す。錯乱したミチが私を刺す。これは、思い出さないようにしてます。でも、これも偽の記憶というか、幻覚、思い込みです」

ちなみにヤス先輩もサトシもミチも、今はそろって行方不明だという。

電話ボックスのビラ

まだ携帯電話が一般的でなく、路上の電話ボックスがよく使われていた時代、イシイくんは色気づくお年頃だった。その頃、電話ボックスには風俗店のビラというのか、手のひら大の紙に、電話番号と女の子の写真を印刷したものがよく貼ってあった。

私もなんとなく記憶にあるが、そこに写っている女の子は実際には店にはいない。たいていは、人気アイドルや有名グラビアモデルなどの写真を無断使用していた。

イシイくんはお金もないし、そんなところに電話する勇気もなかったが、持っているだけでエロな気分になれるので、あちこちのボックスを回っては、このビラを集めていた。

そんなイシイくんがあるとき親と、親戚の葬儀に参列した。かなり遠方の田舎で、葬儀を終えた後、家の周りをぶらぶらするうちに、あぜ道に電話ボックスを見つけた。

電話をかけるためではなく、例の習慣で入ってみたら。奇妙なビラがあった。

「印刷したものじゃなく、白い紙に生写真を貼り付けてて、文面も手書きでした」

今もはっきり、思い浮かべられる。頬骨の高い、えらの張った目つきの鋭い女で、

「王ちゃんの台所から逃げました。見つけた方はこちらまで連絡ください」

という文面の下に、電話番号が書いてあった。なんとも不気味な雰囲気も醸し出してい

たが、イシイくんは強く引き付けられた。その女は決して美人ではないが、可愛いアイドルやきれいなモデルにはない身近な感じ、現実感があった。

「こんな田舎のこんなとこに貼ってて、見つけてくれる人はいるのかなぁ、それともこの近所の人なのかな。首を傾げつつ、そっと剥がして持ち帰りました」

たまに取り出して見ていたが、何かとても怖い思いをさせられそうな予感があり、電話など怖くてイタズラでもできなかった。それからイシイくんは進学や転居やいろいろあり、例のコレクションは実家の部屋の戸棚に仕舞いっぱなしになっていた。

久しぶりに実家に戻って部屋の整理をしていたら、例のコレクションが出てきた。

いつの間にか、「見つけた方はこちらまで連絡ください」という文面に黒い三本線が引かれ、脇に赤い字で「見つかりました。ご協力ありがとうございました」と書き込まれていた。こんなもの書いた覚えがなく、彼の部屋でこんな悪さをする人も心当たりがない。

素人目にも、連絡をくれというのと、見つかりましたというのは、筆跡が同じだった。

思い切って電話してみると、この番号は使われていないというアナウンスが流れた。

検索したら、王ちゃんの台所なる中華料理店がヒットしたが、かなり前に閉店していた。

しかしその店があった場所は、ビラを見つけた町とは相当に距離があった。

「なんとなくだけどあの女は、探していた王ちゃんに台所で殺されてますね」

まとわりつくもの

普通に幸せに生きてきたマスミさんがどん底を味わうことになったのは、まずは中学生の頃、お父さんが自殺してからだった。

もともと生真面目で、気楽に適当になれない人だった。会社が嫌だ、仕事がつらいといい出し、まずは休職して家にいるようになった。最初は気を遣って励ましていたお母さんも、次第にお父さんに対し冷たくなり、ケンカが絶えなくなった。

そして突然に遺書もなく、お父さんは自宅マンション屋上から飛び降りた。それでマンションに居づらくなり、お母さんはマスミさんと実家に戻った。ところが同じく真面目だったお母さんが、タガが外れたように夜遊びするようになった。

同居する祖父母とお母さんのケンカも日常のこととなり、お母さんの彼氏と称する男に襲われかけたり、転校した中学にもなじめず、本当に居場所がなかった。

その頃からマスミさんは、妙なものがまとわりついているのを感じるようになる。

「一応、二本の足で立って歩いているんですが、獣っぽいんです。ドブから這い出てきたような黒ずんだ硬い毛に覆われていて、臭いもそれに相応しい。黒目がないどろーんと濁った灰色の目をしてて、人間みたいな黄色い歯が剥き出しになってます」

大きさは、手に乗るくらい。それが夜中のトイレの隅っこにいたり、夜明けに目が覚めると、寝息をうかがうように枕に座っていたりする。

「何もしゃべらないし、手を出そうともしません。だけどそいつを見るたび、ものすごく死にたくなるんです。お父さんのところに行こう、と考えてしまう」

実際、ホームに飛び込もうとしたり、首吊りをしようとしたこともあったが、今一つ踏み切れなかった。寸でのところで、怖くてとどまってしまう。

「もしかしたらあいつ、お父さんなのかな、と思うようになりました。お父さんがあんなものに生まれ変わったなんて、すごくつらいけど」

毎日、出てくるわけではない。お母さんが酔って帰ったり、変な男と外泊したり、祖父母とケンカをしたとき出てくる。だんだん、これはお父さんだと確信するようになった。

「お父さん寂しいから、私を呼んでいるのかな、って」

そんなある日、かなり本気で終電に飛び込む気になり、駅に行った。まばらなホームに立っていたら、明らかにお父さんが来て、がっちりマスミさんを身動きできなくした。

「そのときわかりました。あいつ、お父さんじゃない。お父さんは、私の死を止めに来たんだって。嫌だけど、気づきましたよ。あいつは、お母さんの化身だって」

祖父母と話し合い、いったん施設に入った。母と会わなくなったら、あいつも消えた。

録画映像

これは私自身が体験した、怖いといえば怖い、でも単なる勘違いかもしれない話だ。

テレビに内蔵されている番組表を眺め、前々から観たかったホラー映画を見つけ、さっそく録画予約した。そして何日かして、再生してみた。

映画の前後、合間に別のお勧め映画の予告編なども挟み込まれているが、本編の映画よりもこれはおもしろそう、というのがあった。

わざとそういうふうに撮っているのだろうが、画質の粗いぼやけた映像だ。ホテルなのかお屋敷なのか、大きな建物の中を一人の女が歩いていく。

女は背景に似つかわしくないみすぼらしい格好で、さかんに辺りをうかがっている。

やがて、これもまた建物に相応しくない小さな部屋に行き当たる。田舎の古い家のような雰囲気で、襖と砂壁で仕切られた三畳ほどの部屋だ。

その真ん中に簡素な木の棺が安置してあり、しかし中は空っぽだ。襖があき、歌舞伎役者のようなきらびやかな衣装を着て、元の顔がわからないほど隈取《くまどり》というのか、赤や黒に彩られた化粧の人物が現れる。男か女か、年頃もわからない。

その人が棺を覗き込むと、いつの間にか中には白装束の死者が納められているのだが、それはさっきまで建物内を歩いていたみすぼらしい女だ。

瞬時に場面が変わり、大きな河を進む小舟が現れ、そこには例の棺が乗っている。棺に納められているのは、さっきまできらびやかな衣装と隈取に彩られていた人物だ。しかし、化粧はそのままなのに、白装束に着替えさせられている。

そして小舟にはみすぼらしかった女が乗っているのだが、女は裸になっている。裸になると女は、異様に肉感的で美しかった。女は、何か歌っている。

そこで映像は途切れ、私が観たかった映画が始まるのだが。本編の映画よりも、こっちを観たくなった。とりあえず、巻き戻してみる。ところが、ある場面が消えている。

三畳間で、きらびやかな衣装と隈取りの人が、棺の白装束の女を覗き込む場面がない。あれっ。何度も巻き直してみたが、その場面だけがない。録画した映像から、一か所だけ自然に消えるなんてことがあるのか。もう一つ妙なのは、その映像のタイトルなどがまったくどこにも表示されていないのだ。

本編の映画は、アメリカで制作された近世の修道院が舞台のもので、私が見入った映像はその映画の一場面ではありえない。いったんテレビから目を離し、パソコンで必死に検索してみた。しかし、どうしてもその奇妙な映像を探し当てることはできなかった。

改めてさっき再生してみたら、あの妙な映像はきれいさっぱりすべて消えていた。

嘘

一回りほど下のクボタくんは気さくで楽しい人なのだが、ときおり嘘をつく。

ざっくり同類といっていいのでわかるが、悪意も悪気もない。ましてや金品をだまし取ろうとか、誰かを陥れようとかでもない。その場を盛り上げたいサービス精神、もしくは自分が話題の中心になりたい、そんな子どもじみた気持ちからだ。

しかし当然ながら、そういう嘘は痛い目や怖い目にも遭う。私にも、わかる。

クボタくんが大学に入ったばかりの夏、同じサークル仲間とキャンプ地に一泊した。焚火を囲んで男ばかりの宴会となれば、だいたい女の話になる。

実は奥手のクボタくん、そのときは女性経験はなかった。しかし、高校から付き合っている彼女がいるといってしまった。七、八人の中で、彼女がいるのは二人だけだった。

当時の携帯電話は通話のみで、写真を見せろとはいわれなかったが、クボタくんともう一人のアッくんと呼ばれていた男子は矢継ぎ早に、どんな子だと質問攻めにあった。

アッくんは照れながらも、故郷にいるまだ高校生の彼女について語る。クボタくんは冷や汗をかきながら、同じ中学で同じ部活動してて、みたいな無難な設定にもっていこうとしたが、当時から変なサービス精神と目立ちたがり気質だったので、

「お母さんがお父さんの愛人の店に乗り込んで、焼身自殺してしまった可哀想な子」

といった、どこから出てきたか、たぶん何かの漫画かドラマで見た話を混ぜてしまった。

するとアッくんが真顔で、その子はなんて名前、と聞いてきた。

クボタくんはとっさに、これまたどこから浮かんできたかわからない名前をいった。

ユメノ。珍しい名前だが、なくはない、という感じか。ところが驚いたことに、アッくんがほぼ同時に、もしかしてユメノか、と口にしたのだ。

なんとアッくんの彼女の幼なじみが、まさにその通りの境遇の子だった。

「ユメノ、俺も会ったことあるよ。いつの間にか引っ越してたけど、そっか、クボタくんと付き合ってたか。すごい奇遇。いや、こんな偶然もあるんだなぁ」

それでひとしきり盛り上がったが、なんともいえない気分だった。アッくんが自分の彼女に連絡するとかいい出し、適当なことをいってごまかしたが、逃げ出したくなった。

キャンプから戻り、アパートの自分の部屋にいるとき、アッくんから電話がかかってきた。ユメノとは別れるつもりだ、みたいな嘘をつこうと決意したとき、

「楽しそうにやってんじゃん。ユメノちゃん来てんだね。声が聞こえるよ」

といわれてしまった。もちろん、クボタくんはそのとき一人だった。その後、ユメノとは別れたことにして乗り切ったが、いまだにユメノがふと近くに現れる怖さがあるという。

記憶にはない

私達が中、高校生の頃も、夏休み明けなどに大人しかった子がいきなり派手になっていた、なんてことはよくあった。

だいたいは交際相手ができて色気づいたか、羽目を外しすぎて非行に走った、という理由によるものだったが、単にイメチェンしてみたかっただけ、というのもあった。

私の子どもくらいの年頃のルカちゃんは、こんな話をしてくれた。

「一番びっくりしたのは、同じ短大だったクミコの逆パターンの変身ですね」

クミコは入学時から、そのケバさで目立っていた。見た目も持ち物も歌舞伎町の風俗嬢みたいなプロっぽさを漂わせ、近寄りがたかったが、話してみれば悪い子ではなかった。

「高校がケバいギャルばっかりで、普通の格好の方が浮いた、みたいなことといってました。でも根は真面目でお家もそこそこ堅くて、だから短大にも進学したんですね」

そんなクミコが夏休み明け、全くの別人になっていた。地方の純朴な中学生みたいな黒髪ショートに、ブランド物ではないジャージ上下。量販店で売られているバッグに靴。

「今から真剣に就職活動するわ、みたいなことといってましたが。なんか変だなと」

もともとルカちゃんは世話好きでもあったが、好奇心も疼いた。何か悩みあったら聞くよ、と近づいた。するとクミコは泣きそうな顔で、打ち明けてくれた。

「私、高校生のとき初めてできた大学生の彼氏がいたんだけど、すごい浮気者で。私は自殺未遂もしたし、彼を刺そうとして入院もさせられた。

　すべてリセットだと遠くの短大に進んで、それからは彼にまったく会ってないのに、私が彼の家に忍び込んでる、なんて電話で怒鳴られて、警察に行くぞと脅された。

　私、絶対に彼んちには行ってない。でも、夏休みの間ずっと悶々と彼のことばかり考えてて、だから生霊になって彼んちに行ったんじゃないかと不安になってきて。

　記憶にないけど、ふらふらっと魂だけ、あるいは魂の抜けた私が実際に行ってたのかも。私にしか見えない女がうろついてるの、彼だけじゃなく何人も見てるといわれた」

　だからクミコは、がらっと外見を変えてみた。もし彼の家に地味な女が現れたとなれば、それは本当に自分だろう、と。彼が見ているはずのＳＮＳにもわざと昔のケバいままの写真をあげ、彼には地味モードで会ったことは一度もないという。

「でもクミコ、しばらくして自殺しちゃったんです。それから噂で、彼氏さんとこにクミコの幽霊が来ると聞きました。どうも、派手なギャルのまんまらしいですよ」

　幽霊って自分自身がイメージする姿で現れるんですかね、それともその幽霊はクミコじゃない別の女かもねと、ルカちゃんは首を傾げた。

心霊スポット決定版

中堅タレントのマサくんがときどき行くテレビ局は、幽霊が出ると有名だった。

「俺、一回も見たことないですよ。その幽霊に限らず、一回も見たことない。なんとかして、見たいんです。見た人の仲間に入りたいっていうか、ネタにしたいし」

私も何度か行ったが、霊感0の私は何も見ないし、感じてもいない。見た人、霊感がある人によると、二階の会議室に出るという。おかっぱ頭の小さな女の子、というのは共通しているが、その局で小さな女の子が亡くなったという話はない。

さてマサくんは仕事の幅を広げたいと考え、怪談の語り手としてはちょっと知られたS先生に相談に行った。なんとかして、霊感が芽生える方法はないだろうかと。

するとS先生が、今まで自分が訪れた心霊スポットで決定版があるという。そこに行けば、どんなに鈍い人でも見てしまう、感じてしまうと。そしてその後は、程度は人によっていろいろだが、霊感が芽生えるんだそうだ。

それは、とある山中にある廃墟となった新興宗教の施設跡で、とりあえず行ってみろと場所を教えられ、マサくんは意を決して出かけてみた。

「山の道もその施設も意外と明るい雰囲気で、さほど怖くはなかったんですが。とりあえずぽんぽんと手を叩いてみたら、誰もいないのにぽんぽん、と近くで誰かが手を叩く音がしたんです。うわっきたーっ、緊張したけど、これもそんな怖くはなかった」

だけど、生まれて初めて霊体験をしたと興奮もした。そして経験したからとっとと帰ろうと、施設に背を向けた。そのとき、さっと目の前を小さな女の子が横切った。見えたのは一瞬だったが、おかっぱ頭で短いスカートをはいていたような気がした。

うわ、もうこれ以上はけっこうです、と急激に怖さが沸き上がり、一目散に山の道を駆け下りた。それからしばらく、特に怪しいものは見なかったのだが。

幽霊が出るというテレビ局に出向いたとき、ふと道路から二階を見上げると、二階の会議室のカーテンがさっと開き、おかっぱ頭の女の子が見えた。

「出たーっ、と興奮しながら、スタッフや共演者に報告しました。カーテンがさっと開いて、と身振り手振りも交えて語りながら、もしかして先日あの廃墟で見たのも、ここに住み着く女の子だったのか、という気がしてきて、さらにぞっとしました」

しかし霊感の強いデスクの女性が、冷静にマサくんにとどめを刺してくれた。

「よく見てみ。二階の会議室には、カーテンなんかないよ」

その後マサくんは、その局でも別の場所でも幽霊は見ていないが、たまにないはずのカーテンは見てしまうという。

殺意

イガラシ夫妻は円満に銀婚式も迎えているが、新婚当初はよくささいなことでケンカをし、そのたびに奥さんがプチ家出をしていた。

そして奥さんのマイさんはただ一度だけ、あるホテルで奇妙な体験をしたという。

親の説教も嫌だったし、夜遅かったので友達の家に行くのもためらわれ、適当に駅前でホテルを探した。もう、どこにあったかも思い出せない、安くて古びたビジネスホテルで、あまり宿泊客はいなかった。だから、予約なしの飛び込みを受け入れてくれたのだ。

冷蔵庫の中の酒を無理に飲み、ベッドに横たわった。当時は携帯を持ってなかったので、旦那さんから連絡は来ない。適当に入ったホテルだし、旦那さんが探し当てられるはずもない。興奮していたが、横になっていると酒も効いて眠くなってきた。

「不意に、人の声がしたんです。がやがや、ざわざわ、何人かがいる感じ。テレビは消してました。窓の外か、廊下から聞こえるのかなと」

その何人かの声は、まるでベッドの中から聞こえてくるようだった。しかし怪奇現象とも思わず、とろとろしながら聞くともなく聞いていた。

「声と物音だけで、何が起こっているかわかるんですよ。まるでラジオ劇」

人妻とその浮気相手がこっそりとホテルに入り、背徳の愛を交わしていたが、そこに人妻の夫が男友達を連れて乗り込んでくる。夫とその友達は、まずは間男を引きずり倒して殴る蹴るした後、裸のままドアの向こうに蹴り出す。

人妻はシーツをかぶって、無言でベッドに丸まっている。今度は人妻がシーツを引きはがされ床に転がされ、夫とその友達に激しく暴行される。

マイさんは金縛りに遭ったかのように、身動きできなかった。彼らに見つかったら、私まで殴る蹴るされる。そんな恐怖感に痺れていた。

やがてふっと、その声や物音は消えた。今のは何だったの、とマイさんは暗闇の中で起き上がった。突然、どんどん、ドアが外から叩かれ、小さく悲鳴を上げてしまった。

「旦那さんの声がしたんですよ。おーいマイ、俺が悪かったよ。ここ開けて、って」

一瞬、本当に旦那さんが来たと思ったが。何かおかしい。マイさんはとっさに、二つあった枕の一つを無言でドアに投げつけ、そのまま布団をかぶって無理に寝た。

「起きてみたら、ドアの前に落ちてた枕がざっくり、真っ二つに切られてた」

私がやったんじゃないです、とフロントに申し出たら、ああ、いいですよ、とあっさりいわれた。どうもやっぱり、あの部屋で何か事件があったんだわ、とマイさんはいう。

「あれ以来、ケンカしなくなったの。旦那に殺されたくないもん、あの人妻みたいに」

バイバイさよなら

気がつけば揃って五十過ぎて、揃って独身。とシバキ姉弟は、よく笑っていたという。

ご両親はもう亡くなっており、姉弟は一軒家に二人で住んでいた。揃って堅い会社に勤め、もう一つ揃っていることがあった。ともに霊感があったのだ。

「うちの親はどちらも成仏しているから、幽霊になって出てくることはないの。でも墓参りに行ったり、事故現場や事件現場を通りかかると、連れて帰ってしまう」

たとえば姉のショウコさんが飲み会の帰り、風俗嬢が飛び降り自殺したビルの前をたまたま通りかかってしまい、肩が重いなぁと帰宅した。

「そしたらタカヒコが玄関に飛び出してきて、いつも靴箱の上に用意してある粗塩をバサバサ振りかけて来たの。頭割れた若い女が姉さんにしがみついて、髪の毛をくわえてチュウチュウ吸ってたって」

確かに髪の毛の一部が、糊付けしたみたいにゴワゴワに固まっていたという。

それからしばらくすると、弟の方が殺人事件のあった家の前を通りかかり、今度は姉の方が玄関で絶叫して塩を撒くことになる。

「そこのお父さんったら会社の若い女と不倫してて、その女を殺してから自殺したんですよ。被害者の方は車の中で刺されてて、死後すぐ発見されたんだけど。男の方は橋から川に飛び込んで、何日か遺体が上がらなかったのね」

そのときはタカヒコさんが連れて来た人の姿ははっきり見えなかったものの、腐った水というか溺死体の臭いが猛烈に漂い、塩を撒いた後もしばらく玄関が臭かったそうだ。

そんなタカヒコさんが、仕事でアジアの某国に行った。一人で家にいたショウコさんに、弟から妙な電話がかかってきた。

「姉さん、こっちに来た？　なんていうんです。弟がホテル近くの路地裏を歩いていたら、ふっと私が顔だけのぞかせて、バイバイさよなら、みたいに手を振ったたって」

もちろんショウコさんは、某国になど行ってない。ずっと国内にいた。そっくりさんでもいたんでしょ、と電話を切ったが。

翌日、室内に漂う猛烈に嫌な臭いで目が覚めた。

「腐った水というか、いつか弟が連れ帰った不倫男の幽霊がまた来たか、と思ったのね。でも、あのときの臭いよりずっと強かった」

それからしばらくして、今度は弟の勤める会社から電話が来た。タカヒコさんが現地で事件に巻き込まれ、川から遺体が上がったと。

「私は弟が死ぬ前に、やっぱり会いに行ってたのね」

廃墟の家族

息子にはきつく、廃墟や心霊スポット巡りはいろんな意味で危険だから、あまりやるなよ、とはいってある。そもそも不法侵入ではないか。住んでいる人がいなくても所有者はいるし、巣食っている何者かだって居住権を主張するだろう。

息子の友達のカッちゃんは他人様の子なので、あまりきつくはいえない。あるときカッちゃんは、全国的には知られていないが地元では知られた廃墟に忍び込んだ。

彼が生まれる前から廃墟だったそうで、一家心中しただの、旦那さんが殺されてから一家は没落して離散しただの、家族が一人ずつ失踪していって空き家になってから、住み込んだホームレスが不審死を遂げただの、いろんな噂があるという。

「荒れた庭から縁側にあがって、そこから土足のまんま座敷に入ってみたんですが」

殺風景な座敷に、あまりにも自然に家族がいた。それはたぶん現実の時間にしてみれば数秒だったはずだが、後々もずっと脳裏に残った。

「チェック柄シャツの半分白髪のお父さんと、緑色のブラウスの茶髪のお母さんと、ジャージ姿の中学生くらいの丸刈りの男の子と、赤いワンピースの幼い女の子」

全員、こちらに背を向けて座っていた。なんとなくみんなソファや椅子に掛けてテレビでも観ている、といった感じだったという。静かな、のどかな空気すら漂っていた。

しかし、あっ、見ちゃったと狼狽えたカッちゃんは、急いで縁側から飛び降りて庭を突っ切ろうとした。ところが庭に飛び降りた瞬間、またあの家族に出くわした。

「さっきは、みんな後ろを向いてたでしょ。今度は皆、ぼくに向いてました」

さっきの家族が並んで立ち、じっとカッちゃんを見つめたという。しかしその目はえぐられたかのように、ぽっかり空洞だった。みんな、眼球がなかった。

それでもカッちゃんは、強く見つめられているのを感じた。そして明らかに一家が、カッちゃんに対して怒っているのが伝わってきた。ごめんなさい、と叫んだ。

そこからしばし、記憶が飛ぶ。廃墟を出て、カッちゃんは必死に道路を走っていた。

「そのときも見たのは数秒くらいだったはずなんですが、くっきり覚えてます。

でも不思議なのが、庭にいた家族の服装が変わってました。お父さんは縞柄のパジャマ、お母さんはピンクのTシャツ、男の子は黒いシャツ、女の子は白っぽいブラウス。別の家族じゃないですよ、絶対に座敷にいた家族でした」

怖いからそこにはもう近づかないけれど、別の廃墟や心霊スポットには懲りずに出向いているカッちゃんは、やたらとこれを強調する。そこか、と突っ込みたくもなる。

「やっぱり幽霊ってすごいなぁ、瞬時に移動して、瞬時に着替えられるんですから」

因果応報

雇われママをしている陽気なメグちゃんは、常に女子のリーダー格だったかと思ったら。

「女子高だったんですが、一年生のとき、すっごいいじめられたことあるんですよ。あのときはおどおどして、ほんっと暗い子になって、余計にいじめられてました」

それはまさにクラスのリーダー格だったノリミとのトラブル、というより逆恨みが原因だった。当時、好きだった男性アイドルグループのライブに行ったら、たまたまノリミとその一派も来ていた。そのときまでは特に、メグちゃんはノリミとは何もなかった。

「一番人気だったマナブが、ファンサービスで客席に降りてきたとき、私がかぶっていた帽子をぱっと取ってかぶって、それからまた私の頭に戻したんです。

私は正直、マナブはどうでもよくてイクのファンだったから、びっくりしただけだったのに。マナブの追っかけだったノリミが、激怒というか、すごい嫉妬したようで。たまんないですよー。怒りはマナブに向けてほしい」

会場の外で待ち伏せされ、まずは一派に取り囲まれ帽子を取り上げられ、みんなで踏みつけられた後、ノリミに持ち去られた。たぶん、どこかに捨てられたのだろう。

「何、色目つかってんだよ、とか、関係者とヤッたんだろ、とか、とんでもないイチャモンつけられましたよ。マナブの気まぐれにすぎないのに。

でもそのときの私は一人で来てて味方もいなくて、他の見知らぬファンの子達もあの子だけいい目にあった、っていうんで誰もかばってくれないどころか、おもしろがって見てたり、はやし立てたりしてました」

翌日から、あることないこと悪口をいいふらされ、持ち物を隠され、無視され、といったクラス全体でのいじめが始まった。仲良しだった子は、自分も巻き込まれるのを怖がって近づいてこない。親を心配させたくなくて、相談できなかったメグちゃんだったが。

「ある朝、机に花が飾ってあったんです。花瓶に挿した菊。そう、葬式ごっこです」

そこでついにメグちゃんは爆発、ノリミにつかみかかって殴り合いになった。学校にも親にもいじめを知られ、なんだかんだで揉めたが結局は二人とも停学処分となった。

「ノリミはそのまま退学しました。それは、私は関係ないですよ」

休み中に夜遊びしていたノリミは見知らぬ男達に性的暴行を受けた後、性器に瓶と花を押し込まれ、路地に放り出されていたのだ。瓶は、中で割れていた。心身ともに痛手を負ったノリミは長く入院もしたが、結局その男達は捕まらなかった。

ちなみにメグちゃんの店には、すでに引退した元アイドル、マナブとイクも客として来ているそうだ。メグちゃんいろいろ隠し事もありそうだなと、陽気さの影も見てしまう。

河童のいる川

おっとりしたサユリさんは有名企業ＯＬなのだが、どこかがズレているというのか、何かピントが外れているというのか、そこがおもしろくも怖くもある。

「昨日ちょっと暑かったんで、窓開けて寝ようとしてたら、知らない男が入ってきたの。きゃーっと叫んだら、部屋を間違えました、すみません、と謝られました」

「間違えたんじゃなく、窓が開いてたから泥棒しようと入ってきたんじゃないの。あるいは猥褻《わいせつ》目的で忍び込んできたら、悲鳴あげられて逃げたとか」

「ううん、彼はすみません、といったんですよ。泥棒や強姦魔は謝らないでしょ」

といった感じだ。あきらかに電車で痴漢に遭ったのに、立ちっぱなしで疲れている私の腰を揉んでくれた人がいる、ともいっていたし。

あるときそんなサユリさんが、趣味の一つである山菜採りに近隣の山に出かけた。渓谷もあり、そこに架かった橋から景色を眺めるのも好きだった。

ところがその橋の中ほどで、ヤンキー風味の男女五人ほどが、昼間から酒盛りをしていた。煙草の吸殻、空き缶や弁当箱を、下の川に投げ捨ててもいた。

だからサユリさんは、注意した。環境破壊になるとか、酔って落ちたりしたら危ないか

ら、みたいな真っ直ぐな言い方では、彼らが逆ギレしそうだったので、

「この川は河童《かっぱ》が出るの。たまに人を襲うから帰りなさい」

と注意したんだそうだ。彼らは河童より、頭がアレなおばさんが現れた、とそちらの方に気味悪さを感じたんだろうと私は推察したが、

「はいはい、もう帰りますって、素直にいってくれたのよ」

とのことだった。そしてサユリさんも立ち去ろうとしたのだが、その場に棒立ちになってしまった。彼らの背後の欄干に、本物の河童がしがみついていたのだ。

「漫画やイラスト、キャラクター人形とは全っ然、違う。黒ずんでぬめぬめした皮膚に覆われてて、キュウリが主食なんかであるもんか、ってな肉食獣めいた目と口元で、ものすごい凶暴さが感じられる丸太みたいな手足」

そいつと目が合った瞬間、サユリさんは猛烈な勢いでその場を逃げ出していた。後ろから、サユリさんを罵《ののし》り嘲笑《あざわら》う声が聞こえたが、河童の不気味なキイキイ軋むような鳴き声も混ざっていたという。

山を下りてしばらくしてから、パトカーや救急車のサイレンが聞こえた。あの橋の上にいた男女が飛び降り、幸い死者は出なかったがみんな大ケガを負ったと後から知った。悪ふざけで飛び降りたとなったが、河童に襲われたとサユリさんはいい張っている。

魔性の女

独身女性A子は、バイト先の妻子ありB夫と不倫していた。そんなA子に心を寄せるC男は告白して断られた後も、A子の悩みや愚痴を聞いてやったりしていたが、あるときA子に頼まれる。

B夫の奥さんを殺してくれたら、あなたに体も許すし交際もする、と。

あり得ない依頼だが、C男は本気でB夫の奥さんを刺しに行く。奥さんの命に別状はなかったが、妊娠していた子を流産してしまう。

……これはかなり昔、実際にあった事件だ。なぜか細部までよく覚えている。A子が醜いとまではいかないが色気のない地味な容貌で、

「C男もそんな危ない女と危ない橋を渡らなくても、もっといい女がいるだろうに」

「C男のツボにA子がズッポリとハマッたかな」

「ニュースの写真でしか見たことないけど、ちんちくりんの冴えないA子の自己評価の高さにまず驚いたわ。相当な美女でも、『私の体と引き換えにアイツを殺して』なんていえないよ。いったとしても、うなずく男は滅多にいないでしょ」

等々、周りの女達と盛り上がった覚えがある。いわゆる魔性の女とは妖艶な美女と思い

がちだが、そのイメージからかけ離れた女だった場合、男達は興味をなくすが、女は盛り上がる。それはかつて、婚活連続殺人事件と騒がれた死刑囚が代表例だ。

自分も魔性の女として男達を翻弄できる、そんな想像力を与えられるからか。

ともあれ、そんな話をある飲み会でしていたら、初めて参加したキノくんという、あまりモテそうにない小柄で大人しい男性が話に割り込んできた。

「ぼくはその事件は知らなかったんですが、似た経験をしてます」

彼も学生時代、あるサークルで知り合ったヤスヨという女に夢中になった。文字通り寝ても覚めても、ヤスヨでいっぱいだった。そんなヤスヨが、一緒に死んでといい出した。ほぼ何もためらうことなく、死のうとなった。混ぜるな危険、とされている洗剤を買ってきて、彼の部屋で毒ガスを発生させることにした。彼は幸せいっぱいで、ヤスヨと寄り添って洗剤を混ぜ……隣の部屋の人に通報された。

病院で目覚めた後、ヤスヨはと真っ先に聞いたが、駆け付けた親もお前は一人で死のうとしていたというし、警察の調べでも彼一人の自殺未遂となっていた。そしてサークル仲間は誰一人、ヤスヨなんて知らないというのだった。

写真も一枚もない。彼はいろいろ、ヤスヨを撮影したつもりでいたのに。

「部屋に、ヤスヨの靴だけが残されてました。引っ越しのとき、なくしちゃったけど」

どこかの古井戸

一回り若い編集者ソノベくんから聞いた、幼なじみのオカダくんにまつわる話だ。オカダくんは今も独身でご両親と暮らし、近所の町役場に勤めているという。

「オカダくんは生まれてからずっと、住所も電話番号も家族構成も変わりないんですよ」

それでも家がある住宅街や商店街、役場の周辺は風景もかなり変化があった。大きなショッピングモールができたり、ホテルが取り壊されて駐車場になったり。

自家用車で通勤しているが、たまに自転車に乗る。運動のためとかダイエットのためとかいっているが、自転車に乗ったときだけ奇妙な景色が見えるんだそうだ。それはいつも同じ場所で見えるのではなく、いつも同じ景色が現れるのでもない。

「近所の慣れた道の角を曲がると、ふっと食堂が現れる。軒先の低い木造の店で、三角巾の陰気なおばちゃんが面倒くさそうにテーブル拭いてたりする。おばちゃんは頬に大きな、刀でつけたような傷がある。ぼくと目が合うと、食い逃げすんなよ、と怒鳴る」

もちろんオカダくんは、食い逃げなんかしたことはない。

「新しい複合ビルの裏手に回ると、寂しげな小さな公園が現れる。錆びた赤い滑り台の上に、薄汚れた小さな女の子がいる。なぜか、すごく獣臭い。動物園の臭いがする」

こんな公園も、存在したことはない。女の子はうつむいたまま、顔を見せない。

「よく見るのは、この二つ。近所の道の角を曲がると公園が出てくるときもあるし、複合ビルの裏手に食堂が現れるときもある。一度だけ本気で怖かったのは、公会堂のトイレを開けたら古井戸があって、半ば白骨化した男が縁に座ってたことかな」

親や近所の老人に、自分が見たとはいわず、誰かに聞いたんだけどと誤魔化しつつ、そんな食堂や公園や古井戸が昔あったか聞いたこともあるが、ないといわれた。

「時空が歪んでいて、別の場所の古い残像みたいなものが、こっちに現れるのかな。公園があった場所は昔、小さな病院があったと聞いたけど、その病院は見たことない。もしかしたら、遠いまったく関係ない所で、無関係な人にふっと病院は見られてたりして」

そんなオカダくんがツイッターで、もちろん現住所も本名も隠してその話をつぶやいたら、遠い町の見知らぬ女性からダイレクトメッセージが届いた。

「その食堂と公園は、自分が子どもの頃に近所にあったものだと、確かに細かいところまでオカダくんの見たそれを書いてきたんだそうです。そして彼女は、オカダくんには見えない昔の病院を見るときがあると、付け加えてきた」

それからオカダくんは、親にも黙って失踪してしまった。ソノベくんは、つぶやく。

「彼女と古井戸を探しに行く。と電話がかかってきて、返事をする前に切られました」

徳光正行
Masayuki Tokumitsu

合わせ鏡

　正田さんは小学生の頃、近所の寄合所の一室で英会話を習っていた。

「まあ、英会話といっても今の子供達が通っている教室のように本格的なものじゃなくて、お遊びの延長みたいなものだったし、何よりアメリカ人の先生というのが珍しかったのと、若々しくとても美人だったのでその先生に会いに行くというか、見に行ってたようなもんでしたね」

　確かに……。今でこそ外国人の方々を街で見かけることは当たり前になっているが、およそ四十年前くらいだと外国人の姿は珍しく、大都市以外だとお目にかかる機会はほぼなかったように思う。

　正田さんの話に戻ろう。

　その寄合所というのがオンボロな木造平屋建てで、英会話教室に用いていた部屋も黄ばんだ畳に薄っぺらい座布団、蛍光灯の薄明かりといった感じで、小学生ながら「こんなところにアメリカ人を招いて英語なんて教えてもらってもいいのか？」と思っていたそうだ。

幸いにもそのアメリカ人女性、仮にメアリー先生としておこう。

メアリー先生は嫌な顔ひとつせず、むしろいつも笑顔で寄合所の関係者や子供たちに接してくれていた。

正田さんが寄合所に行くようになって数ヶ月した頃、便所に鏡が設置された。

もちろんオンボロ平屋建てなので、男女で別れているわけもない。共同便所で、扉がついた和式便所が三つと、両端に洗面台が向かい合わせになっているという造りであった。

その洗面台のところには「～寄贈」と書かれた、四隅が剥げて水垢で濁ってしまっている清潔感皆無の鏡が設置された。お気づきの方もおられると思うが、両端の洗面台の設置された鏡――合わせ鏡になっていたのだ。

「なあなあ、合わせ鏡の十三番目に映った顔って自分の死顔って知ってるか？」

鏡が設置されてすぐに怪談好きの佐竹が正田さんの耳元で囁いた。

「なんだよ、それ？　やめろよ」佐竹さんが顔を硬らせていると

「えっ、十三番目には何も映らないって聞いたよ」

千晶ちゃんが異論を唱えた。

「ソコノサンニン、ナニハナシテルノ？」

こそこそ話をしていた三人にメアリー先生が声をあげた。

「すみません」

三人は頭を下げ、授業は続き帰りの時間になった。

帰り支度をしていると、

「ギャーーーーー」

便所の方から女の叫び声が聞こえた。

部屋にメアリー先生の姿がない。

どうやら叫び声の主はメアリー先生のようだ。

三人を含む生徒たちは一斉に便所に向かった。

するとそこには鏡に向かって髪を振り乱して、聞いたことのないような英語を用いて喚きたてるメアリー先生の姿があった。

そして次の瞬間、先生は大声で笑い出したかと思うと白目を剥き、口から泡を噴いて卒倒してしまった。

「子供たちはもう帰りなさい！」

その様子を見て唖然としていた寄合所の所長が、慌てたように正田さんたちに帰宅を促した。

追い出される形となった正田さんの耳には、救急車を呼ぶ事務員の慌てふためいた声がしっかりと刻まれた。

翌週以降、英会話教室が催されることはなかった。理由は「メアリー先生の体調不良」ということだった。


そしておよそ二ヶ月が過ぎた頃、英会話教室を主催していた寄合所の所長から各家庭に「メアリー先生は英会話教室を出来なくなりました。でも、せめて子供たちとお別れをしたい」という旨の連絡があった。

そこで、寄合所ではなく駅前の喫茶店で「お別れ会」が開かれることになった。

正田さんをはじめとした子供たち、そして保護者たちが揃うと、少し顔を強張らせた寄合所の所長がメアリー先生を招き入れた。

「えっ」

子供たちも保護者たちも言葉を失った。

そろりそろりと歩を進め皆の前に姿を現したのは、艶のないバサバサの髪に痩せこけた化粧っ気のない初老のアメリカ人女性。あの美しく、笑顔が可愛かったメアリー先生と同一人物とは思えなかった。

わずか二ヶ月ですっかり老いさらばえてしまったメアリー先生は、子供たちへの感謝の意を日本語と英語でそれぞれ述べると、一人一人としっかり目を合わせてハグをし、涙を浮かべてその場から去っていった。

「いや、本当にメアリー先生？　と疑うくらいの変貌だったのですが、ハグをされた時に鼻腔に馴染んでいたメアリー先生の香水の匂いがして、やっぱり本人なんだと思いましたよ」

正田さんは懐かしそうに目を細めた。

その後、正田さんは英会話教室の仲間とは疎遠になってしまった。中学校へ進学し、そんなことはすっかり忘れてしまっていた頃、偶然に隣駅の商店街で佐竹に会った。

「久しぶり」

挨拶もそこそこに、佐竹はニヤッと口角を上げながら話し始めた。

「メアリー先生、お別れ会の時にアメリカに帰るって言ってただろ？　でも帰国できなかったんだよ。なんでだと思う？　お別れ会の数日後に、自分の家の鏡の前で首吊り自殺しちゃったらしくてさぁ」

驚きはしたがその佐竹のものの言い方に嫌気がさし、その場を後にしたのだが、モヤモヤもしたので帰宅後に母親に聞いてみると、

「なんであんた、そのこと知ってるの？」

その様子から、メアリー先生が自殺したことは本当であったということがわかった。

さらに母親は「そのことは子供たちには話さないようにする」という取り決めを保護者たちの間でしているから「あんたも人に言わないのよ」と念を押された。

「メアリー先生は、あの合わせ鏡の中に何を見てしまったんだろうって、今でも時々思ったりするんですよね」

正田さんはなんとも複雑な表情を浮かべ、空虚を見つめた後、こう続けた。

「寄合所なんですけど、自分が高校生の時に大型ダンプが突っ込んで大破したんですよ。だけどなぜかそれからしばらく廃墟のままになっていたので、興味本位で覗いてみたことがあったんです。そうしたら柱や壁、便器なんかはボロボロに壊れていたんですけど、鏡だけはまったくそのままの状態でかかってたんですよね。それでまた数年後に行ったら今度は鏡がなくなってたんですけど、誰かが盗んだんですかね？」

その鏡は今でもどこかに存在しているのだろうか？

くれぐれも合わせ鏡にならないように使用していて欲しいものだ。

ヒューーー

田村さんが大学生時代、一人暮らしをしていた時の話。

「当時、芸人のPが大好きで、家にいる時は必ず彼の出演番組を見ていたし、リアルタイムに見られない時も絶対に録画して、後から見ていたんです」


ある日のこと。自宅でPが出演するトークバラエティ番組を見ていると、ある女性タレントAが話し出すと、

「ヒューーーー」

会話を遮るように女の声のようなものが聞こえてきた。

しかし、テレビの中の人々、つまり出演者たちはまったく気づいておらず、滞りのないトークを繰り広げている。そして女性タレントAのトークパートが終わり、別の男性タレントが喋り出すと「ヒューーーー」は聞こえなくなった。

(気のせいか?)と思いそのまま見続けていたが、再び女性タレントAが話し出すと、

「ヒューーーー」

先ほどよりも大きな音量で聞こえてきた。

もちろん今度も出演者たちにはそんな音は聞こえていないように見える。そして女性タレントA以外の出演者のトークパートになると「ヒューーーー」はまったく聞こえなくなる。

「翌日、学校でその番組の話になって、この話をしてみたんですけど——誰もが口を揃えて〝そんな音は聞こえなかった〟と」

まあ聞き違いか思い込みかと思い、そのまま気にも留めずに過ごしていたある日。

芸人Pと女性タレントAが共演している別の番組の録画を見ていると、またも女性タレントAが話す時だけ、

「ヒューーーー」

が聞こえる。その音は前回よりもさらに大きく、田村さん自身に近づいてきたようにも感じられた。

「それで、テレビ局に問い合わせてみたんです。妙な音が聞こえるのだけどって。そうしたら、案の定というかやっぱりというか〝番組スタッフ側もそのような声が聞こえたという確認も取れませんでしたし、そういったお問い合わせもありません〟と言われました」

その後も、芸人Pと女性タレントAが共演する時、そして、Aがトークをする時のみ、「ヒューーーー」

は、相変わらず聞こえてくる。

そして数ヶ月後、女性タレントAは自殺をして、この世を去った。


「あの時は本当に驚きました。画面上では自殺なんて想像出来ないくらい明るく振る舞っていましたから。私、霊感のようなものはまったくないんですけど、あの時だけは〝ヒューーーー〟が自殺の前触れだったのかな？　って思いました。というのも、彼女の自殺報道を見たその日から、大好きだった芸人Pへの興味がまったく消え失せてしまって。あの感覚は今でも鮮明に覚えているのですが、本当に不思議なくらい、スーッとなにかが抜けてしまったように興味が無くなったんですよねーー」

田村さんは最後にそう言うと、ぼんやりと宙を見上げた。


「ヒューーーー」という異音と女性タレントAの死に因果関係があったのかはわからないが、芸人PとAに「関係があった」という噂があったことだけは加えておこう……。

葬式

高田さんは五年ほど前に、ある葬式に列席した。

「故人の顔もほとんど知らないのに列席したんです。上司の代行で行ったというか。まあ、そういった理由での列席だとしても、香典だけ渡して帰るわけにもいかないじゃないですか――」

いかなる理由にせよ、その通りである。

そして高田さんが焼香の列に並んでいる時のこと。前方に掲げられた男性の遺影を目にしながら列を進み、自分の番が来た。焼香して手を合わせて、再び遺影を見上げて頭を下げる。そして遺族に向かい挨拶をした。

「えっ？」

遺影とまったく同じ顔の男性が、遺族の中に混じっている。

正直、故人に対しての感傷もないので、高田さんは思わず声を上げてしまった。

遺族たちは妙な声を上げた高田さんに対して、なんとも訝しい視線を送ってくる。

しかし遺影と同じ顔の男性だけが高田さんと目が合うとニヤッと笑い、唇に人差し指をあて「シッ」と、内緒にするようにというような仕草をした。不審には思ったが、その日はそのまま葬儀場を後にした。

後日、やはり気になってはいたので上司に、故人は双子だったのか？　男兄弟はいたのか？　と訊くが「自分が知る限りはいない」との返答があった。そして、変なことを言うなと怒られるのを覚悟で、葬式での出来事を話してみると――。

「あー、あの人はイタズラ好きだから、そんなことしそうだな～でも、なんでお前なんだろうな」

と個人を懐かしみつつ、笑顔でそう返された。

そしてその話をして以来、あの故人はたびたび高田さんの前に現れるようになった。

例えば電車の窓ガラスに映ったり、例えば洗面所の鏡に映ったり、例えば会社のエレベーターに同乗したり……。

決まってあの日と同じように、自身の唇に人差し指をあて「シッ」と内緒にするようにというような仕草をしている。

「あんまり怖さのようなものは感じないんですけど、上司も言ってたように、なんで俺なのかな〜っていう引っ掛かりはあります。あっ、今日もこのお店の食器棚のガラス、そう、そこのガラスに映ってました。もちろん唇に人差し指をあてて、シッとやってました」

私もその食器棚のガラスに目をやったが、もちろん私と高田さんしか映っていなかった。

ピシャッ

怪談本のパイオニアの一冊とも言うべき『新耳袋』に「山の牧場」という作品がある。詳細はここでは省略するが、その中の肝《きも》となる部分が不可解な構造の「建造物」についての記述である。「二階部分の扉を開くと外になっている」ことや「階段がない上階にどうやって行くのか?」などの記載がある。そして拙書『怪談手帖　怨言』の中に「誰かいる」という作品を書いているのだが、これも不可思議な構造の「建造物」について、そして「いるはずのない誰か」についての話である。

「建造物」にまつわる奇譚というのは決して少なくないのだが、これから記す和田さんが体験した話もなかなか興味深いものだった。

「大学生の頃なので二十年くらい前ですかね。当時、地方から上京してきて、とにかく金がなかったんですよ。少しでも安い物件はないかと探していたら、それに見合う物件が見つかったんです」

木造二階建てのアパートで三畳一間、共同便所に共同水場、そして家賃は月三万円を切るという激安物件だった。

詳細こそ書けないが、この物件、都心といえる場所に建っており、二十年前で三畳一間という条件を差し引いても、なかなかの激安値段だと思う。

このアパート、一階部分が四畳一間で五部屋、二階部分が三畳一間で六、七部屋（この辺りの記憶は曖昧だそうで）になっていた。そして二階部分の廊下の突き当たりに、各部屋の木造扉とは形状の違う真新しいアルミサッシの扉がついていた。そして曇りガラスの窓がついていて、その部分に殴り書きのような乱暴な文字で「立ち入り禁止」と書かれていた。

「立ち入り禁止」――わかっちゃいるけど、入居したての和田さんは若さと好奇心でその扉の鍵を「ガチャリ」と捻った。ドアノブに手をあててそっと回すと、すんなりとドアノブが回り扉が開いた。

「あっ、ぶねー」

ドアが開いた目の前の光景に、背中にじっとりと湿った汗が落ちた。その扉の向こうには階段も通路もなにもなく、数メートル先の建物が見えるだけだった。そう、なにもない空間だったのだ。眼下には駐車場があったのだが……。

（この扉なんのためにあるんだろ？）

瞬時に冷静さを取り戻し「立ち入り禁止」を無視して扉を開いた自分を恥じた和田さんは、扉を閉め鍵をかけると自室に戻り、寝床についた。

しかしどうにも寝つきが悪い。瞬きと寝返りを繰り返していると、

〈トントントントン〉

天井から小さな足音のようなものがする。

ボロアパートなので、天井裏をネズミでも走っているのかとも思い、無視して再び目を瞑ったのだが、

〈トントントントントン〉

音は、子供の足音くらいの大きさになった。

「うるせえなー」

掛け布団を剥がすと天井を睨みつけた。

（いや、まてよ。両隣から聞こえているのでは？）

そう感じたので廊下に顔を出してみると、シーンと静まりかえっている。両隣の部屋および木造扉と壁の隙間から光が漏れていることもない。

（なんだよ、この音）

部屋に戻ると、再び〈トントントントン〉と聞こえる。和田さんは、パーカーを羽織り外に出て確認することにしてみた。

「えっ、なんだこれ？」

アパートの外に出て、裏の駐車場に回ってみた。アパートの壁を、自分の部屋のあたりを見上げる。二階上の壁面に凹んだ部分があり、どうも三階らしき部屋があるように思える。そこに窓があり、わずかな明かりが灯っているのが見えたからだ。

不動産屋からは木造二階建てと聞いていたのだが……。

その灯りのある部屋の主なのか、和田さんが見上げていることに気がついたかのように、ピシャッ！　っと大きな音を立ててかかっていた真っ赤なカーテンを閉めた。

「こっちだよ、怒りたいのは」

和田さんは小言をひとつ漏らした。部屋に戻ると足音は消えていて、そのまま眠りにつくことにした。

翌朝、学校に行くために部屋を出て、ふと気になって駐車場へと回るとアパートの裏を見上げてみた。明かりのあった部屋の窓は開いており、隙間から女性ものの下着が乱暴にぶら下がっているのが見えた。

別に三階建てでも二階建てでも良いのだが、ここで一つの疑問が過ぎった。

あの三階への行き方だ。階段は二階までにしかないし、廊下の突き当たりのアルミサッシ扉の向こうにもなにもない。

学校からの帰宅後、まだ明るかったので、念入りにアパートの内部を調べてみたのだが、三階へ通ずる階段はどこにもない。

部屋に戻って自分の部屋の押し入れも確認したし、押し入れ天井部分から屋根裏ものぞいてみた。古いアパートらしく二階の部屋の天井裏はほぼ繋がっている状態で、階段らしきものもない。

もし明かりの部屋に通ずる階段や梯子があるとしたら、真下にある自分の部屋の上のはずだ。

うーんと首を捻り、考えていると〈コンコンコン〉とノックが聞こえる。

扉を開くと中年のおじさんが立っている。

「おたく昨日引っ越してきた人でしょ。隣に住んでる青田です、よろしくね。なんかあったら言ってきてね」

そう早口で言うと踵を返したので、

「あのー」

和田さんが昨日のことを話そうと口を開きかけると――。

「そうそう、昨日の夜、駐車場からアパート見上げてたでしょ？　あんまりそういうことしないほうがいいよ。ほら別に知らなくていいこともあるじゃない。だってこの家賃でこんな場所に住めているわけだし。まあ、気楽にやっていこうや」

そう告げて隣人の青田は去っていった。

それから三年間、和田さんはそのアパートに住み続けたが、ついぞ三階へ通ずる階段を見つけることはなかった。

そして明かりと洗濯ものと足音以外で、三階の住人の存在を確認することもなかった。

足りてますか？

野中さんが親元を離れて東京で一人暮らしをしていた時の話である。
初夏のある日、何も予定がなく部屋でゴロゴロしていると、
〈ピンポーンッ〉
マンションのオートロックのインターホンが鳴った。
モニターを覗くと、眼鏡をかけたおかっぱ頭でコートを纏った女が立っている。
（怪しい——宗教の勧誘かな？）
少々気味が悪かったので無視した。すると、
〈ピンポーンッ〉
再びインターホンが鳴った。
しつこそうだったので「なんですか？」と、インターホン越しにそう発すると、
「お忙しいところ申し訳ありません。あのー、お宅は足りてますか？」
女はニコリと微笑みながら問い掛けるように話してきた。

（足りてる？）

なんだかわからないが、瞬時の勘で「はい、足りてます」と返した。

「わかりました。足りなくなったらいつでも」

女はそう言うとインターホンの前から立ち去った。

翌日、郵便物を取るためにポストに手を入れたら、何か異物にあたる感触がした。一度手を引っ込め、ポストの中を覗き込むと、奥の方に、びっしりと石が詰め込まれたビニール袋が入っていた。

「足りなくなったらいつでも」

透明のビニール袋の表面には、丁寧な文字でそう綴られていた。

ただの石なのでそこまで気持ち悪いとは思わなかったのだが、部屋に持って帰るものでもない。

野中さんは外に持って出ると、マンションの前にある植木の横にビニール袋をさかさまにして石を放り出すと、部屋に戻った。

それから四年間、その部屋に住み続けたが「石の女」が来訪することも「石」がポストに入っていることもなかったのだが……。

転職を機に地元に戻り、結婚をして男児をもうけた野中さん。子育てに奮闘していたある日、保育園から一緒に帰宅した息子を先に家に入れて、駐車場に自転車を置いて戻ると、息子がビニール袋に入った石を手にしていた。

野中さんは何の気無しに「その石どうしたの？　保育園で拾ってきたの？」と息子に問うた。すると息子は首を横に振り、

「これ、お母さんに渡してって、眼鏡のおばちゃんに言われたの」

と無邪気に笑って手渡してきた。

その瞬間、すっかり忘れていたあの日のことを思い出した。

動揺はしなかったが、そんな物を貰う義理もないので、息子の手からビニール袋を取り上げると、河原にその石を捨てに走った。

「なんなんですかね、その石女、なにが目的だったんだろう？」

私が首を傾げていると、野中さんは続けた。

「それからだいぶ経ってからです。息子が引き篭もりになったんです。思春期だったし、学校での些細なイザコザが原因だったのですが、それ以来、私とも旦那ともまったく口を聞いてくれなくなってしまって――」

夫婦は悩んで、「どうしたらいいのか？」と綴った手紙を部屋の前に置いてみた。

すると翌朝――。

「お前らはなにもわかってない。早く石を持ってこい、話はそれからだ」

そう書かれた手紙が置かれている。「石」という文字を見た野中さんは、急にあの女のことが過ぎってゾッとしたのですが、言うとおりに息子の部屋の前に、河原で拾ってきた石を置いてみたんですという。

すると、その晩に夫婦が帰宅すると、息子が料理を作って待っていたという。久しぶりの家族三人での食事、感極まって涙が出そうになる野中さんに、

「やっとわかってくれたんだね、母さん」

息子は、そう言って抱きついてきたという。

その晩は何年ぶりかで熟睡ができた野中さんだったが、翌朝、目を覚ましてリビングに行ってびっくりした。

「新たな石を見つけに行きます。探さないでください、さようなら」

そう書かれた置き手紙があり、息子の部屋に行くとすでに息子はいない。旦那を叩き起こし、すぐに警察に連絡をして行方不明者届を提出することを促した。

失踪して間もないためか警察も渋い顔をしていたが行方不明者届は受理された。

それから三年、未だに息子の消息はわかっていない。

まだ、新たな石に出会えていないのだろうか？

災い転じて災い

　某テレビ局のワイドショーで制作ディレクターをしている田原さんが経験した話である。

「関東近郊にある街の、グルメとか特産品を紹介する特集を組むということになって、現地に向かってカメラに収めてみたんだけど、どうも撮れ高（テレビ業界用語での完成度的なもの）がイマイチで、参ってたんですよね……」

　田原さんとカメラマンと音声担当の四人は、その街の駅前にある喫煙所で休憩をしていた。なにかもっといいものはないかと頭を抱えていると、タクシーの運転手が車を停車し、タバコを吸いにやってきた。

　これはなにか聞き出せるかも？　と思った田原さんが声をかけてみた。

「すみません。テレビの取材で来てるんですけど、この街の名物みたいなものを教えていただけますか？」

　田原さんの問いに、

「あんまりないいんだよな～」

運転手は、タバコをふかしながらそう返してきた。

田原さんは、今まで取材した店や特産品のことを話して、水を向けてみた。それ以外の情報が出てくれれば儲けもんだ。「なにかないですかねぇ」と再び問うと、

「ありゃ、それ以外なんにもないよ。それで全部だよ」

運転手は笑って煙草を消すと、車に戻るべく背を向けたが、

「あっ、おたくたち、お化けとかそういうのはどうなの？　この辺りで名物になってる心霊スポットってのがあるよ。俺も若い頃何度か行ったことあるし、今の若い奴らもワーキャー言いながらそこで騒いでるよ」

これはお盆の怪談特集で使えると思った田原さんは、詳しい住所を聞きその心霊スポットに向かおうとすると、

「現場で誰かになんか聞かれても、俺から聞いたって言わないでよ〜、呪われたら嫌だから。ギーシシシシッ」

少々下卑《げび》た笑いを浮かべ、運転手はタクシーに戻っていった。

そんな捨て台詞いらないのに、と思いながら現地に向かい、およそ十分ほどで到着した。

住宅街から少し離れた場所で、ぽつんと佇んでいるのは伸び放題の雑草に覆われた二階

建ての一軒家。

そのビジュアルは正しく心霊スポットのそれで、壁には無数の落書き、窓ガラスはほぼ全部が割られていた。

「よし！　とりあえず、中に入ってみよう」

田原さんの掛け声とともに三人は歩を進めた。

ジャリッジャリッという、ガラス片を踏みしめる三人の足音だけが静寂に響く。

一階の和室や居間のような部屋を丁寧に見ていくと、

「あれ、ここから地下にいけそうじゃないですか？」

先に台所に入っていたＡＤが声を上げたのを聞いて見に行くと、台所の床についた取っ手を指さしていた。

「おー、覗いてみるか？」

田原さんが取っ手を持ち引き上げると、ぽっかり床に空間があるのが見える。ライトを向けて照らしてみたら五、六段の階段があった。

ソロリソロリ降りてみるとそこは四畳半くらいのスペースで、地下の密室とあってカビ臭い臭気はあったのだが、地上階と違いまったく人の手がついてない。というか、いたずらのような人の手が入っていない空間だったことに四人は顔を見合わせた。

「心霊スポットって夜に来ることが多いじゃないですか？　だからみんなあの取っ手に気がつかなかったんですよ」

ＡＤは何か手柄でも上げたようにそう言ってきた。すると、

〈ジャリッジャリッジャリッ〉

地上からガラスを踏み潰す足音が聞こえてきた。

複数ではなく一人の足音のようだ。

「今の音、拾えました？」

音声担当に確認すると首を横に振られたのだが、再び、

〈ジャリッジャリッジャリッ〉

今度は録れたのか、音声担当は指で丸じるしを作った。

「よし、これで上に行って幽霊でも撮れたらバッチリだな」

田原さんの言葉をきっかけに四人は地上階に向かった。


しかしそこには誰もいなかった。

「なんだよ、幽霊いないのかよ」

肩を落とす田原さんに、

「いや、誰もいないのに、足音がした方が怖いじゃないですか？」

確かに……ADが言うことの方が道理は通っている。しかしディレクターとして考えると「撮れ高」に納得がいかない。

「おい、お前の足元だけ撮らせてくれ。あの足音と合わせて作っちゃえば、それ風になるだろ？」

田原さんはいわゆる「やらせ」を思いつき、ADにそう指示すると実行に移した。

カメラのアングルを下げ、撮影を終了すると一軒家を後にした。

画《え》のおどろおどろしさは編集でどうにでもなる。テレビ局に戻り早速編集室に籠ると細工を加えてそれ風に仕立て上げた。

そして後日、制作会議で皆にお披露目となったのだが、同行したADの姿がない。

何度連絡をしても留守電になるばかりだ。

会議開始の直前に、もう一度かけてみるとやっと電話が繋がった。

「すみません、今、病院にいるんです」

弱々しく声で応対したADが言うには、昨日から高熱が出て解熱剤を飲んでも下がらず、しかも朝起きて左足を見たら三倍くらいに腫れ上がっていたので病院に来たとのこと。

「わかった、お大事にな」

そう言って電話を切ると会議室に向かった。そして、例のテープを他のスタッフにお披露目となった。もちろん、「やらせ」のことは伝えずに……。

再生ボタンを押しテープが回ると、会議室にいる全員が固唾を飲んで画面を凝視していた。そして〈ジャリッジャリッジャリッ〉という音とともに幽霊の足が映り込んだという、例の場面に差し掛かったら、

「キャー」

女性スタッフが声を上げた。（よし、バレなかった）と、田原さんが机の下でガッツポーズを決めると、

「ちょっと待って、この足、●●の足だよな」

プロデューサーはＡＤの名前を上げ一時停止ボタンを押した。さらに、

「田原、お前こんなことするなよ。バレたら番組自体終わるぞ」

冷徹な目で田原さんを一瞥すると、テープを取り出し投げつけてきた。

田原さんは映像の「やらせ」部分については詫びた。でも、音は本当だったと説明したがまったく取り合ってもらえず、結局ボツだと言い渡された。

その後さしたるお咎めはなかったのだが、信用を取り戻すには時間を要したという。

そして例のＡＤはテレビ現場から去ることになった。

あの日、腫れ上がってしまった左足は壊死し、切断に至ってしまったのが原因で、以前のような仕事は難しいというのが理由だった。

「それって因果関係あるんですかね？」

私がそうぶつけると、確証はないが、あの「やらせ」の時にＡＤが踏み出した一歩目が左足だったらしく、その左足が壊死したので関係がないとも言い切れないと田原さんは言った。さらに、

「だとしたら、ＡＤがそうなってしまった原因が自分にあるとはお感じにならないんですか？」

強い口調で問い詰めた私に対して、上目遣いで口角を揚げニヤリとすると首を横に振り、田原さんはその場を後にした。

どうあれ　ＡＤの方をお気の毒と思うとともに、田原さんの最後のあの笑顔が気持ち悪く脳裏に焼き付いている。

そして田原さんとは、三年くらい音信不通のままである。

誘い物件

「事故物件」というのは、新居を選ぶ上でどうしても避けたいというのは当たり前だと思う。かくいう私も引っ越しの際、事故物件サイトである「大島てる」を参考に物件選びをしている。松原タニシさんのように、自身の芸人としてのスキルアップのために敢えて事故物件に住まわれる（北野誠さんの進言のよう）方もいるのだが、「全然気にしない」でむしろ家賃が安くなるから敢えてそういう物件に住んでしまう人もいるという。

今回、話を聞かせてくれた高井さんは、まさに「全然気にしない」人の一人である。

「いや、全然、大丈夫ですよ。自分は霊感とかそういうのもないですし、大体、もしお化けが出てきたとしても実害はないでしょ？　まあ一晩中、足音とか呻き声とかが聞こえてきたら、睡眠の妨げになって迷惑ですけど」

さらっとそんなことを言う高井さんは、独身生活ウン十年の中年男性だ。

視えてしまったり聴こえてしまったりが原因で、一ヶ月として人が住み着かないようなマンションに五年以上住んだり、事故（殺人）現場となったマンションに今でも住んでいたりする。ある意味、勇者のような方だ。

「死因はなんだっていいんですよ。ただ発見が遅れて遺体が腐乱したり、水分と脂分が出てしまってシミになったり、臭いがなかなか取れないってのは勘弁でね。でもそれってゴミ屋敷にしちゃった住人の後に住むのも同じようなものですよね？」

愉快なことのように続ける高井さんでも、一度だけ参ってしまった部屋があったそうだ。


今から二十年ほど前の話。

誰もが羨むような都心の一等地、二十年前だとしても相当な家賃がかかるようなエリアにある、およそ六十平米１ＬＤＫで月七万円という部屋だった。

もちろん不動産屋から事故物件との旨も説明を受けていたが、そんなのはお構いなしに「これは借りるしかない」と思った高井さんは、早々に契約をして住み始めた。

案の定、何が視えるわけでも聴こえるわけでもない日々が続いていたのだが、仕事やプライベートでのトラブルが重なるようになった。心労も限界にきて、十五階のベランダから見下ろす地面に吸い込まれそうになり、手摺に手を掛け足を上げたその時、

〈ピンポーン〉

オートロックの共同玄関のインターフォンの音が聞こえた。

ハッと我に返り部屋に入った高井さんは、インターフォンの画面を覗き込んで「えっ」と声を上げた。プライベートでのトラブルの原因、別れたはずの元彼女がそこに映っていた。

気を取り直し「どうしたの?」とマイクに話しかけると、

「どうしたのじゃないよ。とにかく部屋に入れて」

急かすようにそう言うので、渋々ながらロックを解除し、元彼女を招き入れた。

部屋のドアを開けると、元彼女はずかずかと部屋の中へと入ってきた。

「これ、どういうことなの!」

そう言って携帯の画面を高井さんへと向けて見せる。そこには、

「今から死ぬ。悪かったな、ありがとうな」

と書かれたメールの文面……差出人が高井さんになっている。

高井さんにはそんなメールを送った覚えはない。元彼女の目の前で、自分の携帯を開いて見せるが、送信ボックスにも送った形跡はない。

いったい何だったんだと二人して顔を見合わせていたが、ふと元彼女が、

「ねえ、なんでベランダ、開いてるの?」

そこで高井さんは「そうだ、メールは送ってないけど、いろいろ疲れたんで飛び降りよ

うとしたんだよ」と、淡々とした口調で告げるといきなりビンタが飛んできて号泣された。

そしてその日を境にヨリを戻し、同棲するためにその物件を出ることになった。

その際、同じ不動産屋に物件を探して貰うことにして、候補の物件をめぐる車の中で、このマンションの部屋がどういった事故物件なのか、詳細を聞くことができた。

言うことを渋ってはいた不動産屋だったが、結局教えてくれたのだ。

あの部屋の住人が立て続けに四人も自殺をしているという。飛び降りであったり首吊りであったりいろいろだったそうだ。

なにか合点がいくような気がした。

霊感とかはまったくないが、確かにあの部屋に住んでから気分的にモヤモヤしていたし、仕事もプライベートもうまくいかなくなった。メンタルも落ち込んで、いっそ死んだ方がいいのではと考えるようになり、気づいたらベランダに立っていた……。

あの部屋は、住人を良からぬ方向に向かわせる部屋なのかと、妙な納得をした。

「じゃあ、次は自殺が続いてないような安い物件で」

高井さんが不動産屋にそう言うと、

「何言ってるの、一緒に住む部屋だよ。ちゃんと考えて！」

彼女はむくれてしまい、不動産屋が運転する車を止めて降りてしまった。そして、振り向きもせずタクシーに乗ると、そのまま消えていってしまった。

「すみませんね。次の物件、行きましょう」

額を掻いて取りつくろっていると、

「やっぱり無理だわ、常識がなさ過ぎる」

というメールが届いた。もちろん彼女からのメールだった。その後、何度も電話やメールをしたが返信は一切なかった。

結局、ヨリを戻しての同棲は諦め、また独り暮らし用の物件を探して貰うことにした。

もちろん、相場よりも安い訳あり物件を選んだ。


「命の恩人ではあったんですけどね〜。まあ、そう言われたら仕方ないですよね。ただ、あの時思ったんですけど、事故物件の他に、自殺が重なるような、そう〝誘《いざな》い物件〟みたいなジャンルを増やして欲しいですよね」

高井さんはそう言って、今住んでいる事故物件へと帰っていった。

因《ちな》みに後日、たまたま以前住んでいた十五階建てマンションの前を通り過ぎたら、複数のパトカーや救急車や消防車が停まっていて、入口付近には青いビニールで覆われたものと、人だかりができていたそうだ。

痕

看護師をしている弓木さんに聞いた話である。

弓木さんが勤めていた総合病院には、普通病棟の他に神経科つまり心の病を抱えている人の入院病棟が併設されていた。普通病棟の斜向かいに位置するその入院病棟は、外からは様子が窺えないようになっている。

だがある日、ナースステーションからふと外に目をやると、その入院病棟の屋上になにか見慣れないものがある。気になって目を凝らすと、青と白の縞模様のパジャマを着た男が立っているのだとわかった。

「あそこ、行けないはずなのに！」

神経科の入院病棟の屋上は施錠されているはず。そう思い、師長に伝えようとすると、数人の医師や看護師が男の元に駆け寄った。取り囲んでなにやら話をしているようだったが、やがて縞模様のパジャマの男を囲んだまま、屋上から消えていった。

無事に病室に戻されたのだろうと思ったが、激務に追われ、そんなことがあったこともすっかり忘れていたある日のこと。

　またも同じような、屋上に縦模様のパジャマを着た男が連れ戻される状況を目にすることになった。さすがに今回はと思い、前回と今回、目撃した内容を師長に訊いてみた。すると、

「本当は、屋上は立ち入り禁止なんだけどね――まあ、仕方のないこともあるじゃない？　このことは他の人には話さないでね」

　なんとも要領を得ない返答だった。

　深く詮索してもしょうがないと感じたので、弓木さんは頷くと勤務に戻った。

　それからしばらく、屋上に男を見ることはなかった。


「きゃーーー」

　病室を回り、患者の検温をしている時のこと。隣の部屋から悲鳴が上がった。

「危ない、危ないっ！　手を離したらだめ」

　六人が入る部屋の窓際に、患者たちが集まって騒いでいる。

「どうしました？」

　弓木さんが病室に飛び込むと、開け放たれた窓から、斜め向かいの入院病棟に向かって

皆が指さし叫んでいる。

弓木さんも窓際に行って外を見ると、神経科の入院病棟の屋上の手すりに、縞模様のパジャマの男がぶら下がっている。しかも、こちらを見てニヤニヤと笑っている。

「やめてください、危ないです。誰か早くー」

弓木さんが大声で呼びかけると同時に、屋上には白衣を着た人間たちが五、六人、駆けつけていた。

しかし、容易に近づいて、男が手を離してしまったらどうしようもない。医師や看護師は、男が自ら手を離さないように、制止の言葉を選びながらじりじりと距離を縮めていった。

すると、

「お前らになんか理解できるのか？　できないだろう？　愚民よさらばだ！」

縞模様のパジャマの男は大声でそう叫ぶと、手すりにかけていた両手を離してしまった。

〈ボスッ〉

鈍い音が地面から聞こえた。

「ギャーーー」

あちこちの病室に悲鳴が響き渡った。

弓木さんもショックを受けたが、とにかく患者たちを宥めながら、同僚と協力して各部屋を回ってカーテンを閉めた。

その際に窓の下を見ると、頭から落ちたのだろう、血と脳漿が地面に広がり赤黒い染みを作っていた。そしてすぐに看護師が担架に乗せてはいたが、あの状況で助かるはずはあるまい。

さらに数分後、サイレンの音を落としたパトカーが数台駆けつけて、男が落下した位置あたりで、医師や看護師たちの事情聴取のようなものが行われている様子が見えた。

「私、一部始終を見てました」

ナースステーションにいた師長に、弓木さんはそう話した。すると、

「いや、ここはあの病棟の人たちに任せましょう」

またもや関わりたくないかのような反応だった。

「だって、人が飛び降りたんですよ」

さらに食い下がったが、背中をポンと叩かれると、職務に戻るように促された。

どうにも納得いかなかったのだが、しばらく経ったところで、

「弓木さん、ちょっといい?」

師長が声をかけてきた。

「はい」

返事をすると、二人だけになれる個室に連れて行かれた。

「弓木さん、いろいろごめんなさいね。今日飛び降りた人、結局亡くなったみたい、ほぼ即死だったそうよ。でも、それが本題じゃなくて、なんで私があなたの問いに言葉を濁していたかというと、あの患者さん極秘入院の患者だったの。Ｚって国会議員知ってるでしょ？　あの人の息子さんだったのよ。息子が神経科に入院しているなんて広まったら大変でしょ？　だから神経科担当以外は各科の師長レベルまでって、かん口令が敷かれていたのよ。でもあなたはたびたび見かけてしまったし、あの――落ちる瞬間も見てしまったので伝えようと思って。――でも、くれぐれも内密にお願いね」

そう釘を刺された。

やはり、納得いくような、いかないような……。

弓木さんは最近になってこそ時効と思い、私を含めて何人かにはこの話をするようになったそうだが、その病院に勤務している間は絶対に漏らさなかったそうだ。

元に戻り、その時、そしてその後に不思議なことが二つほどあったという。

まずは、その男性が墜落死した日の帰宅後、そして翌朝も、まったくあの事故に関してニュースやワイドショーで取り上げられなかったこと。そしてもう一つ、縞模様のパジャマの男が掴んでいた手すりには赤黒い手の痕がついていたそうで、それは何度拭いても取れず、上からペンキを塗っても浮かび上がってくるのだったという。

「今だったらスマホで撮影して、SNSとかで拡散されていたでしょうね」

弓木さんの的を射た言葉に大きく頷いた。

この話、およそ二十五年前に都内の病院で起こったことである。そしてその病院は名を変えて今でも存在する。
追伸：議員の名前だけは教えてもらえなかった……。

マニキュアのにおいとコーラと

田辺さんの通っていた小学校は駅近くのネオン街の真ん中にあった。故に放課後の遊び場は、校庭か夜の準備をし始める繁華街だった。

「まあ、地方の繁華街ですので規模はたかが知れてるんですけど、店を開ける前の慌ただしい時間なのに居酒屋の主人とかスナックのママとかが、お菓子をくれたり話し相手になってくれたりと、とても親切にしてもらいました」

ただ一ヶ所、正確に言えば一つのビルだけは立ち入りが禁じられていた。

地下一階地上四階建てのビルは、小さなスナックや居酒屋がごちゃごちゃ入っている飲み屋ビルである。そのビルの地下の通路で、田辺さんの数年上にあたる児童が下校後、遊びに入ったものの、泡を吹いて卒倒したのだという。倒れていたところを管理人に発見され、救急車で搬送されたのが、子どもの立ち入りを禁止する理由だと言われていた。

ある日の下校時。

「なあ、あのビルの地下ってなんで行ったらだめなのか知ってるか？」

悪友の西田がニヤリといやらしい笑顔で話しかけてきた。

「もちろん知ってるよ。だって……」

田辺さんが理由を話そうとすると、西田は続けた。

「お前が知ってるのって、あの地下でウチの学校の生徒が倒れたってところまでだろ？　誰でもそこまでは知ってるんだよ。じゃあ、なんで倒れたのかっていうのは知らないよな」

小さく頷くと、

「その理由ってのが、真っ暗な地下で幽霊を見ちゃって倒れたらしいんだよ、怖いよな。でも、幽霊を見れるんだったら行ってみないか？　俺とお前と村井、三人で行けば幽霊なんて怖くないし、もし見つけたらヒーローになれるぜ」

そう言って、禁止されているビルの地下にある飲み屋街の探検を提案してきた。

「でも、見つかったらやばいだろ？　ビルの人に怒られるのは嫌だよ。親にバレても怒られるだろうし」

田辺さんが難色を示すと、

「お前は臆病だな～。そんなのじゃ社会に出た時、荒波を乗り越えられないぞ」

西田が偉そうに上からものを言ってきたのが癪に障り、じゃあ三人で行こうとなった。

翌日の放課後、地下街探検を決行するとし、三人はビルへと向かった。

まだ早い夕方なのでどこの店もまだ準備を始めてはいない。

薄暗い階段をソロリソロリと降りると、地下街は真っ暗だった。扉を閉じたスナックやパブ、居酒屋が数軒連なっており、奥の壁にたどり着くには少々距離がありそうだった。

かろうじて「非常口」パネルの緑と白の光と、屋内消火栓の赤い明かりがぼんやりと灯っていて、それを頼りにジリジリと歩を進めた。しばらく歩くと、接着剤のようなにおいが鼻についた。

「なんか、プラモの接着剤のにおいがする」

西田も気づいたらしく、そう声を上げると、

「なんだ、あれ？　あそこだけ光が点いてるぞ」

続けて村井が声を上げた。階段を下りた時には「非常口」パネルと屋内消火栓の明かりしかなかったはずなのだが、奥に、わずかに開いたドアの隙間から、仄かな光の筋が漏れているのが見える。

ゆるゆると近づくと、女の鼻歌のようなものが聞こえてきた。

「絶対に幽霊だよ。引き返そうよ」

言い出しっぺの西田が、急に恐れ慄いたのか震える声で言う。

「いや、覗いてみようよ。店の扉だよ」

村井の言葉に同意する形で、三人は暗闇の中をその光の筋を目指す。近づくと確かに店の扉が少し開いているのだった。なぜか三人は引き寄せられるように扉をそっと開くと、中を覗き込んだ。

スタンド一つだけの淡い光の奥で、テーブル席の椅子に立て膝をついて座っている女が、鼻歌を歌いながら指にマニキュアを塗っていた。紫色のスリップ一枚なので、子ども心にイケないものを見ている気分になったという。

扉に手を掛けたまま立ち尽くした三人は、金縛りにあったように動けなくなった。

女はちらりと扉の方を見ると、三人に向かって笑顔を浮かべた。

そして立ち上がって近づいてくると、塗りたての爪をかざしながら、

「ねえ、この爪見て。今日、彼に会うから、彼の好きな色を塗ったんだ」

(なんだ、幽霊じゃない)

三人は幾分ホッとして、

「ええ、キレイだと思いますよ」

声を揃えてそう言った。

「本当？　嬉しい。ぼくたち、コーラでもあげようか？」

女はカウンターに入り、身を屈めてコーラの瓶とコップを探しているようだった。

「あ、そうそう。ここにきちゃダメだって学校で言われてるんじゃない？」

カウンターの下から声が聞こえてきた。

「うん、そうだよ。そうだけど、探検に来ちゃったんだ」

さっきまで怯えていた西田が自慢げに声を上げると、

「あっ、悪い子たちなんだね。じゃあ、コーラ飲んだら帰るんだよ」

そう言いながら、コン、コン、コンとテーブルにコップが置かれる音と、炭酸が注がれる音がした。

と思ったら、

〈バチン〉

電気のスイッチ音がして、店内の蛍光灯が一気に煌めいた。

隅々まで明るくなった店内に、先ほどまでカウンターにいたはずの女がいない。

「お姉さん、お姉さん」

三人はテーブル席、カウンターの下、その奥のわずかなスペースのキッチンも覗いてみたが、どこにもその姿が見つからない。

「トイレに入ったんじゃない？」

村井の言葉に納得し、テーブルに置かれたコーラを飲んでいたのだが、いくら待てども女は姿を現さない。

そしてトイレを開けるわけにもいかないので、

「お姉さん、ごちそうさまでしたー」

三人でお礼を言って店を出ようとした時、

〈ジャーッ〉と、トイレの水洗の音が聞こえ、ドアが開いた。

「あっ、お姉さん、ありが……」

そちらに向いて条件反射的に言いかけたのだが、そこにも女の姿はなく、続けて再び、

〈バチン〉

スイッチ音がして店の灯りが消え、スタンド一つの仄かな光だけとなった。

「えー、なに？　なに？」

パニックになった三人は店を飛び出そうとすると、

「もう、だめだよ」

耳もとで女の声が聞こえた。

「ギャーーー」

大声を上げると廊下に飛び出し、階段めがけて走ると、地上へと駆け上がった。

そこには管理人らしき初老の男が立っていた。

「お前ら、ここにきちゃダメって、学校で言われてないのか?」

冷静な口調ではあるが、かなりお怒りの様子だ。

「はいっ、言われてます。でもそれどころじゃなくて、お姉さんが……」

村井が状況を説明すると――。

「だから、入っちゃいけないことになっているんだよ。いいか、もう来るんじゃないぞ」

男はそう言うと、モップを担いで地下へと下りていった。


学校でこのことを話したら、教師や親にバレて叱られる。「怖い」よりも「恐い」を回避したいと思った三人は、口外しないことを誓い合い、やがて小学校を卒業してバラバラになった。


「でね、みんな成人した後に同窓会があった時、俺たち三人と数人でその話になって、じゃあ、二次会であの店に行ってみようってなったんです」

田辺さんたちは、記憶を頼りにそのビルへ向かい、地下のその店と思われる店に入ったという。あの時に見た女性とは別の、だいぶん年配の女性がママをやっていたが、当時のその出来事をママに話したのだという。

「そうしたら、ママが震えちゃって。どうしたの？　って聞いたら『それっ、俊美ちゃんだ、きっと』なんて具体的な名前をあげたんですよ。詳しく聞いてみると――」

俊美ちゃんというホステスがいて、元々が客だった彼に捨てられて、店で首吊り自殺した事件があったという。それ以来、この地下では、たびたび、女性の幽霊が目撃されていたらしい。

「でも、その俊美ちゃんって、ママのその店じゃなくて隣の店のホステスで、自殺したのも隣の店だったたってオチはあったんですけどね。もうずいぶん前の話だったし、俺たち三人幻を見たんだよ～なんて散々飲んで会計したあと、隣の店ものぞいてみるかって酔った勢いで扉を薄く開けて覗いてみたんですよ。そうしたら、わずかな隙間のすぐ向こうに、ニッコリ笑いかける女の人がいて、目が合ったんです。あれは間違いなく、その俊美さんって人でしたね。あの日と同じ、紫のスリップを着ていたし、同じマニキュアのにおいがしましたし。俺ら三人とも呆気に取られたんですが、ハッと気がつくとそこには誰もいなくて、店の奥から『入らないの？　どうぞ～』って言うしゃがれた声がしてね。慌てて閉めました。気のせいだったのかもしれないですけど、なんて言うかな～、怖さはまったくなかったですね。懐かしさだけがありました」

でもそれにしても、霊的な不思議さと物質的な可笑しさって同居できるもんなんですかね？

田辺さんに訊かれたが、それは私にもわからない。

しかし、田辺さんの言葉を信じることにした。

クリスマスデート

ある年のクリスマスデートは柏さんにとって忘れられない出来事となっている。

「浜田という友達に誘われた飲み会で知り合ったんですよ」

知り合った女の名前は愛美。

愛美は浜田の彼女である智子の友達だった。

「会ったその日に連絡先を交換して、その後もちょくちょく電話をしたりＬＩＮＥをしたりしていまして。その年のクリスマスに、お互いに予定がないとなったので二人で出かけることになったんです。まあそれって、デートですよね？」


クリスマスの日に初デート、前途洋々な滑り出しに思えた柏さんは心を躍らせて待ち合わせ場所に向かった。五分前くらいに到着し、愛美がやってくるのを待っていた。

「柏くん、早かったんだね。待たせちゃった？」

背後から肩を叩かれ振り返ると、愛美がニッコリ微笑んでいた。スマホで時間を確認すると待ち合わせ時間に丁度だったので「いやいや、全然だよ」と、こちらも笑顔で返したのだが、次の瞬間、目を疑う光景が視界に飛び込んできた。

愛美はなんと、子供の手を引いていたのだ。

「えっと〜、あの〜……」

予想外の展開にしどろもどろしていると、

「あっ、ごめんね。姉が急に仕事が入っちゃって、この子を預かってくれって言われて連れてきちゃったの。初めて二人で会うのに本当にごめんね、でも甥っ子だしほっとけなくて。姉は仕事が終わったらすぐに引き取りにくるから、それまで一緒にいてもいい？」

愛美にそう言われてまさか嫌とも言えないし、柏さんも子供が嫌いというわけではなかったので〝想定外の三人でのクリスマスデート〟がスタートした。

甥っ子の名前は翔太といい、三歳だと紹介された。目がクリっとした、可愛らしい男の子だった。

昼からのデートだったので、ランチを済ませると、柏さんは翔太にプレゼントを買ってあげようと提案（素晴らしい人柄と筆者は思う）、ショッピングモールへと向かった。もちろん翔太も大喜びだ。

「男の子のおもちゃとかって多分、俺の方がわかるから。逆に、愛美ちゃんが俺たちの買い物に付き合って」

待ち合わせ時こそ戸惑った柏さんだったが、テンションが高揚したのか、愛美の前で寛大なところを見せようと思ったのか、翔太の手に引かれるまま、ショッピングモール内にある玩具屋へと向かった。

あれやこれや見て回り、子供の体力に翻弄されて足が棒になりそうだったが、少年の頃以来の玩具選びは思いの外楽しくもあり〝愛美と付き合って、もし結婚をして子供が出来たらこんな感じなのかな?〟などと妄想し、ニヤついていると、

「これがいい!」

翔太が指差したのは五台入りミニカーセットだった。

「本当にこれでいいの? もっと大きいおもちゃとかじゃなくていいの?」

腰を下ろし視線を合わせて問うたのだが、翔太はどうしてもこれが欲しいと懇願した。

翔太は小さい両手で大事そうにミニカーセットを抱えると、レジに一緒に並んだ。

「柏くん本当に本当にありがとう。翔太、お父さんの顔知らないんだよね……」

伏し目がちに漏らした愛美の言葉に、少し胸が詰まるような気持ちになった。

会計を済ませると、翔太は「トイレに行きたい」と言い出し、愛美と二人でトイレに向かった。

十分、二十分と待ってもなかなか帰ってこない。

クリスマスのショッピングモールとあって混んでいるのはわかるが、少し時間がかかり過ぎだ。近くのベンチで待っていた柏さんも少々不安にもなったので、スマホに電話をしてみたが、着信音は柏さんのすぐ横にある愛美のバッグから聞こえてきた。

「うーん」と、眉間にシワを寄せていると、

「ごめんね、トイレが混んでて」

三十分くらいしてからだろうか、愛美が出てきた。

しかし、翔太の姿がない。

「あれ、翔太くんは？」

柏さんが問うと、

「えっ？　誰それ？」

愛美がキョトンとしている。

「いや、甥っ子の翔太くん。さっきまで一緒にいて、ほら、このおもちゃを買った」

ベンチの上に置かれたミニカーセットを差して説明すると、

「翔太なんて知らないよ。それでこのミニカーどうしたの？　私がトイレに行ってる間に

買ったの？　誰かの子供にでも上げるの？」

愛美はさらに不思議そうな表情をしていて、まったく話が噛み合わない。

なんだこれ？　なにが起こったんだ？

あまりの事態の歪みに気持ち悪さを覚えたのだが、自身の勘違いと言い聞かせ平静を装いデートを続行した。

車に乗り込むと、夕食の予約をしているレストランに向かったのだが、やはりどうにも引っかかる。今一度、車内でその話を持ち出すと、

「ちょっと本当に意味がわからないんだけど。あのショッピングモールは柏くんが買い物したいって言うから行ったんじゃない？　ねえ、気持ち悪いよ、て言うか怖い」

「それはこっちのセリフだよ」と、愛美の言葉に対して喉まで出かかったがなんとか飲み込んで、一応夕食だけは一緒に食べてそのまま送ることにした。もちろんその道中も空気はギクシャクしたままで会話らしい会話をせずに終始目を逸らしたままだった。

大変つまらないクリスマスデートとなってしまった。

そして当たり前と言えば当たり前なのだが、帰宅後にスマホを確認してもＬＩＮＥにはお礼などは入っておらず、こちらから送るのも憚られた。

そのまま音信不通になったのだが、ある時、智子に連絡をしてクリスマスに起こった不

可解な出来事を話してみたのだが――。

「えっなにそれ？　愛美からはすごく楽しいデートだったって聞いてるよ。二人、うまくいってるんじゃないの？」

と、智子は驚きの声を上げた。

この件について、何もかもが気持ち悪くなったのでそれ以上言及せず、有耶無耶な感じで電話を切った。


そしてそれから一年後、浜田と智子は結婚することになった。柏さんはその結婚披露宴に出席したのだが、そこには愛美の姿はなかった。智子になんとなく愛美のことを聞いても「ちょっといろいろあって」と言葉を濁したので、それ以上聞くことはしなかった。

因みにあの〝想定外の三人でのクリスマスデート〟で、翔太に買った五台入りミニカーセットは、柏さんの車の後部座席に転がったままだそうだ。

ゴロベースのお兄さん

田村さんが小学生の時に経験した不思議な話である。

「徳光さん、小学生の時にゴロベースってやってました？」

田村さんの問いに、私が二度ほど頷くと、

「あー、良かった。ゴロベースって、やったことない人も結構いるじゃないですか？」

確かに。

簡単に説明すると、ゴロベースとは基本的に野球と同じく一塁二塁三塁とホームベースがあり、ルールもほぼ同じ（私の地元、茅ヶ崎では盗塁禁止。キャッチャーは、攻撃陣の中から、その回に打順が来そうにない者が担当）なのだが、大きく違う点はピッチャーはボールを転がしてバッターはそのボールを素手もしくは軍手をした手のひらで打つというところだ。あとゴロベースの利点は一チーム九人も必要ないこと。その時、その場に四～六人くらいがいればゲームができるということも加えておこう。

「そう、自分たちは授業が始まる前、つまり学校に早く行って毎朝のようにゴロベースをやってたんですよ。で、ある日のプレー中にね、突然男の人に声をかけられたんですよ」

田村さんは、その時の情景を脳裏に浮かべたような表情をしながら続けた。

田村さんが守備についている時、バッターの打ったボールは田村さんの左横を抜けていった。その日は外野に誰もいない少人数でのゲームだったので、その転がっていってしまったボールを追いかけてやっと握り、ホームに向かって投球すると、

「なあ、あんなゴロなんかじゃなくて、ライナーになる打ち方を教えてやろうか？」

背後から声が聞こえてきた。

「えっ？」

振り向くと、大学生くらいの男の人が立っていた。ギンガムチェックのシャツに白いズボンを穿いた、清潔感のある感じの人だった。

「手の角度をこう変えて、持ち上げるように打ってごらん、次に打順が回ってきた時に試してみなよ」

身振り手振りを加えながら、その人は丁寧に教えてくれた。

そして打順が回ってきていざ実践してみると効果はてき面で、田村さんの打球は宙に舞い、見事ランニングホームランをかっ飛ばすことができた。

「ありがとう！」

ホームイン後、少し遠くで見ていたその人のところまで駆け寄り、礼を言うとニッコリ笑って親指を立て「ＧＯＯＤ」ポーズをしてくれた。

「ねえ、みんなにも教えてあげてよ」

気の優しい田村さんは、その人のシャツの袖を引っ張り仲間の前に連れてきた。

「さっきのホームラン、このお兄さんに教えてもらって打てたんだ」

鼻高々に言うと、仲間はこぞって打法の伝授を懇願した。

お兄さんは子供たちに囲まれると懇切丁寧にコツを教え始めた。そして皆、その打法を実践すると、みんな面白いようにライナーなアタリを飛ばすようになった。さらにお兄さんは、ボールの握りを少し変えると変化をかけられるといった、ピッチングの指導もしてくれた。

それからしばらくの間、毎朝、お兄さんと小学生によるゴロベースが開催された。誰もが、始業のベルを聞いて教室に行くのが名残惜しく思うような日々が続いた。

ある日の学級会の時のこと。

「先生、男子たちが毎朝、知らない男の人とゴロベースをしています。学校に知らない大人が入ってきてもいいんですか?」

学級委員の澤田という女子がそう発言した。

担任教師は当然そのことを知らなかったので、クラスの男子にいろいろと訊いてきた。皆、バツが悪そうに下を向いたので、最初に接点を持った人間の責任として田村さんはこの顛末を説明した。すると、

「うーん、親切な人だっていうのはわかるけど、やっぱり学校に部外者が入るのはだめなんだよ。先生が立ち会ってその人に説明するから」

担任教師も否定的なことを言うわけではなかったが、やはり職業柄「決まり」を重視しなければならない立場なので、明朝に立ち会うという約束をして学級会は終了となった。


そして翌朝、ゴロベースをしているとお兄さんは変わらずに姿を見せたが、田村さんをはじめ皆ソワソワとして視線を合わせようとしなかった。

そこに担任教師がやって来て、お兄さんに「決まり」を伝えると、校庭から出るように促した。

お兄さんは反論するどころか申し訳なさそうに頭を下げると、学校の裏門の方に向かって歩き出した。

「お兄さんありがとう」

その後ろ姿に田村さんが声を上げると振り返り、

「こちらこそ。みんなはこれからも楽しめよ」

と言って手を振って去っていった。

「ありがとう」

気がつくと、やはりお兄さんとの日々が楽しかったのだろう、仲間も全員で感謝の声を上げていた。


誰かが口に出したわけではないのだが、お兄さんが来なくなってからの朝の校庭でのゴロベースは何かもの足りないとみんな思っていたようだ。数日は変わりなく続いていたのだが、一人減り二人減りと気がつけばメンバーが集まらなくなり、自然消滅的になくなった。

「寂しかったけど、仕方がないことなのかなとも感じていました。今、冷静に考えたら、お兄さんはまともな人だったけど、もしもおかしな人とかが校庭に入って来たりしていたら大惨事になることだって考えられますからね。それで暫くしてからなんですけど……」

もちろんこの話には続きがあって、田村さんはその後のことを語り出した。

朝のゴロベースもしなくなり、本来の始業時間に間に合うように登校するようになった。田村さんはゴロベースも一緒にやっていた仲間三人と登校していたのだが、ある朝、裏門の隅にお兄さんが立っているのを見つけた。

「あっ、お兄さん」

四人が声を上げると、お兄さんは笑顔を浮かべ、

「久しぶりだね。いやさ～今日はみんなにお別れを言いに来たんだよ。あの時は楽しい時間をありがとうな」

言葉短かにそう告げ田村さんの肩をポンと叩くと、そのままその場を後にした。

「お兄さん、どこか遠いところにでも行くのかな？　やっぱりいい人だよな、わざわざそんなこと言いにきてくれたんだぜ」

仲間の一人が目を潤ませて呟いた。四人は同じ感傷に浸り、俯いた。

そしてその「遠いところ」というのが、二度と会えない場所であることを下校時に知ったのだった。

その日は土曜日だったので午前中で授業が終わるため、十二時過ぎには下校となる。

帰り支度をすると、一緒に登校している四人で下校をする。いつもと変わらぬ通学路だったのだが、途中、電信柱にふと目をやると葬儀を告げる貼り紙があった。

目には入ったが気にせずに歩を進めていると、まさに葬式をしている家の前を通ることになった。

丁度、霊柩車が家の前に停まっており、棺が車に納められる時に出くわしたのだ。

「えっ、あれ、お兄さんの写真じゃない？」

喪主であろう父親らしき男性が胸元にいだいていたのは、紛れもなくお兄さんの写真だった。

四人は朝にお兄さんに会ったこと、そして今日の前での葬式のことで混乱し、パニックになりそうになった。そして動揺している間に棺は車に乗せられ、霊柩車は大きなクラクションを鳴らすとゆっくりと車輪を動かし火葬場へと向かった。

「これってどういうことなの？」

四人はわけもわからず、列席者の一人に声をかけてしまった。

その列席者に、お兄さんに世話になったこと、今朝も会ったことを告げると、その女性は涙を拭いつつ少し首を傾げながら、

「明くん（お兄さんのこと）は身体を壊して、ここ一年くらい寝たきりだったのよ。だからあなたたちと外で遊ぶなんてできなかったと思うわよ。あなたたちが嘘を言ってるとは思わないけど、本当に明くんだったのかしら？」

と言う。そして、

「本当なら今頃は小学校の先生になって、あなたたちくらいの子供たちを受け持つはずだったわね。もしかしたらそんな思いが……」

恐らくかなり近い関係（叔母といった感じか）だったのだろう、そう続けると再び鼻をすすり目頭をおさえた。

（人違いなのだろうか？）

疑念が浮かび、不謹慎を承知で四人はその家の祭壇を覗き見してみた。

すると、やはり間違いなく写真の中でニッコリと微笑んでピースをしているのは、あのお兄さんだった。しかも、田村さんが初めて会った日に見た、ギンガムチェックのシャツを身に纏った写真だった。

「その後、四人の動揺は収まったんですけど、やっぱり全然、腑に落ちない――というか不思議な感覚になって、口も利かずにそれぞれ帰宅しました。だって不思議ですよね？

俺たちが接していたお兄さんは、初めて会ったその日から入院中だったということになりますし、別れの挨拶をしに来てくれた時にはすでに亡くなっていたことになりますし……。でも不思議と怖いとか気持ち悪いという感情は湧きませんでした、もちろん今もです。この歳になると、親切で優しい人が志半ばで故人になってしまったことを気の毒に思うといった感情の方が強いですね。あと、この不思議な経験を共有している仲間とは、今でもちょくちょく会っていまして、必ずあの数週間の不思議な日々について語ります。さすがにもうゴロベースはやりませんけどね」

そう話を締めた田村さんの笑顔は、優しさに溢れていた。

地下のトイレ

かつて佐藤さんの地元にはホテルに隣接するプールがあり、幼稚園に上がる前から小学校卒業あたりまでは頻繁に通っていた。

大きな敷地にプールは四つ、バーベキューができるスペースや歌謡ショーができるステージまであってそれは大層立派なものだったらしい。

「ホテルのプールですから、本来の値段は高かったと思うんですけど、近所に住む地元民には特別無料券みたいなのが毎夏配られてたんです。それを使って友達とよく行ってました」

友達と共に過ごしたプールの楽しい思い出もたくさんあったが、一度だけ不可思議な経験をしたことがある。佐藤さんも友達もそれをきっかけに、プールからは足が遠のき、わずか一年後にはホテルは倒産しプールも閉鎖されたそうだ。

まあ、佐藤さんの奇異な体験とホテルの倒産の因果関係はないと思うのだが……。

佐藤さんが小学六年生の八月のある日、いつものように友達と連れ立ってそのプールに遊びに行った。

自転車を駐輪場に停め、無料券を渡すと一目散にプールへと向かった。

散々泳ぎ回り疲れたところで地上に上がり、甲羅干しをして冷たいジュースを飲むと再びプールへと飛び込んだ。が、お腹がキュルキュルと音を立てた。

「やばい、ちょっとトイレに行ってくる」

友達にそう告げプールから上がると、急いでトイレに向かった。

敷地内にあるトイレは二つ、一つは入り口すぐ横にある地上のトイレ、もう一つは一番奥にあるプールに隣接する地下のトイレ。

その地下のトイレは昼間でも常に薄暗く、佐藤さんはあまり行くことはなかった。しかし、急な〝もよおし〟で背に腹は変えられない。一番近いトイレでもあるので、佐藤さんは階段を急ぎ足で降りていった。冷や汗を垂らしながら辿り着くと、さらに冷や汗をかく事態になった。

大便用の個室が二つあったのだが、その一つが使用中でもう一つには「使用禁止」の貼り紙がドアにされていた。

使用中のトイレの扉を必死にノックすると、中からノックが返される。中をうかがうように様子を探るが、まだかかりそうな感じがする。しかし、いまさら階段を再び上がり、入り口にあるトイレに向かっても、途中で漏れてしまうことは容易に想像できるし、悩むほどの時間の猶予もない。

チラッと「使用禁止」のトイレを覗いてみたのだが、これといって故障しているわけでもなさそうだ。念のため一度、水を流してみたが普通に流れたので、便器の上に跨った。

「フーッ」

誰もが経験し、知りうる至上のため息と共に用を済ますと――。

〈ドンドンッ、ドンドンッ〉

乱暴に扉をノックされた。

（やばい、使用禁止のトイレを使ったから怒られる）と思ったので「すみません、すぐ出ます」と声を上げると、尻を拭いて水栓レバーを捻った。

〈ドンドンッ、ドンドンッ〉

「すみません、今出ます！」

佐藤さんは慌ててドアノブに手を掛けて扉を引く。しかしなぜか開かない。

〈ドンドンッ、ドンドンッ、ドンドンッ、ドンドンッ〉

ノックはさらに強くなった。

「すみません、出ます。でも扉が開かないんです！」

半ばベソをかきながら訴えるのだが、

〈ドンドンッ、ドンドンッ、ドンドンッ、ドンドンッ〉

外にいる人は激しいノックをするだけで声を発してくれない。

〈ドンッ、ドンッ、ドンッ、ドンッ、ドンッ、ドンッ、ドンッ〉

その音はノック音ではなくなり、拳で思い切り叩くような音に変わった。

「ごめんなさい、ごめんなさい。出してください、出してーーー」

泣きながら叫ぶと、ドカッと、外から蹴られるように乱暴に扉が開いた。

「ヒッ」

誰かに何かされると思い、頭を両手で抱えて蹲み込んで身構えた。何も起こらない。

腕の隙間から様子を窺うと、目の前には誰もおらず、シーンと静まり返っていた。

すぐに立ち上がり個室を飛び出し、トイレから出る時に扉を目にして、

「ギャッ」

思わず短い悲鳴を上げた。

白い扉には、赤黒く血に染まった拳の痕が数え切れないほどついていたのだ。

トイレを飛び出すと、後ろを振り返らず一目散に階段を駆け上がった。外に出ると、プー

ルには人がまばらになって、辺りは仄暗くなっていた。

「佐藤ーー」

叫ぶような友達の声が聞こえた。そして友達の周りには監視員やプールの従業員がいた。

「何をしていたんだ？　ようやく見つけたよ」

従業員が声を上げたので、地下のトイレに行っていたことを伝えると、

「あそこは立ち入り禁止と書いてあっただろ」

とさらにきつく言われた。使用禁止の個室を使ったことを詫びたのだが、トイレのある地下自体が立ち入り禁止になっていると言われた。

振り返ってトイレのある地下に下りる階段を見ると、確かに「立ち入り禁止」の貼り紙がされていた。

「でも、僕が行った時は階段のところにはそんな貼り紙はなくて、個室の扉にあったのは『使用禁止』の貼り紙だったんだけど」

そう言ってもまったく取り合ってくれず、親を呼ぶとまで言われた。

訳もわからなかったし、親に話しされるのも嫌だったので、ひたすら謝って友達とプールを後にすることにした。

「まあ、それから行かなくなりましたね。もう二度とあんな思いもしたくなかったし、なんか理不尽に怒鳴られるのも嫌だったし——あのノックと、恐らく血のついた拳の痕も気持ち悪かったんですけど、時空が歪んだというか、自分はトイレに何時間いたんだって話になりますよね？　だってトイレに向かったのは三時ぐらいだと思うんですよ。閉じこめられて飛び出すまでに、せいぜい十分ぐらい。それが大人たちに怒られて時間を見てみたら六時半になっていた。友達も、探し回ったけれど見つからなかったと言うし——」

でも僕にしたらほんの十分ほどのことなのに、と思うから、未だに解せないというか理解できない経験なのだと佐藤さんは言う。

あのプールで何か曰くめいたことがあったかというと、それはなかったそうだ。そしてその「立ち入り禁止」の貼り紙の理由も、今となっては知る由もないとのことだった。

未知との遭遇

「看護師という仕事柄、幽霊視たことある？　なんてよく聞かれるんですけど、自分の場合はそんなこと皆無でして――一度も〝視た〟とか〝聞こえた〟という経験がないんです。もっとも根が鈍感なので気づいてないだけなのかもしれないですけど」

男性看護師の亀田さんは大病院に勤めて十年目になる。

このように、心霊体験はないと話すが、未だに理解できない出来事が「一つだけある」とも加えた。

今から八年ほど前、小児病棟に勤務していた時の話。

先天的な内臓の疾患があり、入退院を繰り返していた栗山くんという少年がいた。亀田さんが出会った時には小学四年生、つまり十歳になっていたので分別はつく年齢であった。

「自分が会った時ですでに四回目の入院だったんです。しかも一度の入院期間が短いわけではなかったので、やっぱり気の毒だなとは感じていました。でも、性格は明るい子でした。わがままとかも言わなかったですし、泣き言めいたこともこぼさない子でした」

亀田さんの言葉に感心した。私も幼少期に二週間ほどの入院経験があったのだが、本当に嫌だったし、退屈だったという記憶しかない。この栗山という少年、十一歳にして四度の長期入院を繰り返していても挫けないというのは、大変立派だと思うばかりだ。

「あと、可哀そうだなと思ったのは、誰も面会に来ないことでした。両親はいるはずなのに一度も顔を出さず、入退院の手続きは叔母という初老の女性がしていました。見た目が栗山くんの叔母というには無理がある感じはしたのですが……」

うーん、事情があったにせよ、これも気の毒なことだ。子供は見放されたと思ってしまわないだろうか？　そういう私に亀田さんは言う。

「普段は元気な栗山くんでも、周りの子供たちの面会時を目の当たりにすると、言葉には出さないけど寂しそうな表情をする時はあったね」

しかしある時を境に、彼はそんな表情すらも出さないようになったそうだ。

ある日の消灯時間、亀田さんはそれぞれの部屋を回り、ベッドの子供たちに明かりを消すように指示していた。栗山くんのところを覗くと、彼はベッドの上で壁側に向かって胡座をかいて手にすっぽりと収まる小さな手帳のようなものを見ながら、お経とも呪文ともつかないなにかを唱えていた。

「栗山くん、消灯時間だよ」

背後から声をかけると「ハッ」といった具合に背中を揺らし、手の中のものを枕の後ろにしまい込んだ。そして自らスタンドの灯りを消すと、目を閉じた。

「おやすみなさい」

亀田さんは声を掛けながら、なにをしていたのか少し気になったが、次の病室に向かった。

しかしそれからというもの、昼夜問わずに彼はベッドの上で、同じ行為を繰り返すようになった。

周りの子たちも奇異の目を向けるようになったので、それからしばらくして「なにをしているのか？」と栗山くんに問うてみた。すると、

「僕、入院ばっかりしてるだろ？　なんで俺だけ、こんななんだって思って嫌になってたんだ。で、ある時ね、夢に宇宙人が出てきて言ったんだ！」

そう言って彼は手帳を差し出した。

「もう心配はない、お前は治る。毎日この言葉を唱えろって言って、これをくれたんだよ。

それで朝、目を覚ましたら、本当に手帳があってさ。それから毎日、声を出してこれを読んでいるんだ」

そこには見たことのないような文字が余白なくびっしりと書き込まれてあり、続けて栗山くんはそれに視線を落とすと唱え始めた。

「#$%&#$%#%#&#&〃＝＊〜〜〜」

まったく聞いたことのない言葉だ。少し気味が悪くなったので、

「そうなんだ、わかったよ。でも、みんながびっくりしちゃうから誰もいない時にやろうね」

亀田さんが諭すと、

「うん、わかったよ。でも、みんなも僕と同じようにやれば良くなるはずだから、みんなのところにも宇宙人が渡しにきてくれればいいのにな〜」

真っ直ぐな目で栗山君はそう言う。亀田さんは、頭ごなしに否定してしまうのは得策ではないと思い、これ以上は何も言わないでおこうと部屋を出た。すると背中越しに、

「今日、初めての交信日なんだ。お兄さんも夜勤でしょ？　十時に光で僕を照らしてくれるから、ここのベッドに来てみてよ」

と言うので、

「十時は消灯時間過ぎてるからだめだよ。栗山くんもちゃんと寝てなきゃいけないよ」

そう返すと、

「ぅぁ～～ん、なんだよ、人間はなにもしてくれないじゃないか？」

今まで聞いたことのないような大声を上げて号泣し始めた。

「ごめん、ごめん。じゃあ、少しだけ顔を出すから、許して」

背中を摩りながらそう言うと、栗山くんも納得したのか笑顔を取り戻した。亀山さんはそっと病室を後にした。

ナースステーションに戻り、主任にそのことを伝えると、

「彼は幼いながら苦労しているからね。なにかに縋りたくなる気持ちもわかるわ。きっと思い込みや妄想で無意識に自分でそういう手帳を作っているのでは。そして、自分で言葉を作り出して唱えているのではと思う。私たちは咎めることなくそっと見守りましょう。でも他の子たちが怖がっていたなら、亀田さんがしたような対応を心がけることにしましょう」

至極真っ当な応えが返ってきた。

確かに主任の言葉の大半には納得できるのだが、「思い込みや妄想～」の部分には同意しかねるものがあった。これまで何度も栗山くんの書く文字を見てきて、字体の癖も承知

していたので、あの手帳にびっしりと記された異形の文字を書いたのが彼であるとはどうしても思えなかったのだ。

しかし、では誰が書いて彼に手渡したのかと問われても、納得のいく回答を用意できる自信もなかった。


八時に各部屋を回り消灯を指示し、ナースステーションに戻って雑務に追われ時計に目をやると、時刻は九時五十分になっていた。

果たして行くべきかと迷ったが、男同士の約束、反故にしてしまうと栗山くんに嘘をついたことになってしまう。大人の裏切りを少年期に経験してしまうと今後の彼の人生にも悪影響を及ぼすと思い、同僚にひと声かけると病室へと向かった。

「栗山くん、来たよ」

カーテンを捲り小声で呟くと、彼はベッドの上で窓に向かって胡座をかいていた。そしてその恰好のまま、首だけこちらを振り返った。

その目を大きくひん剥かれ、今まで見たことのないような険しい形相だった。

言葉を失った亀田さんを無視して、窓に向かい直した栗山くんは、何を言うこともなくひたすらに窓から夜空を見上げていた。

〈ピカーーッ〉

　突然、病室は凄まじい閃光に包まれた。

　あまりの眩しさに亀田さんは腕で顔を覆いながら、栗山くんの方を見ようと目を細めた。彼は微動だにせず、飛び出さんばかりに目を見開いて光の方を凝視している。

　さらに不思議なのは、これだけの光が部屋の中に差しているのに、他の子供たちが目を覚ましたり声を上げたりしていないことだ。

（自分と栗山くんだけしかこの光を感じていないのだろうか？）

　混乱し動揺していると、そのけたたましい閃光は突然消え、病室は元の暗闇に支配された。

　光で目をやられた亀田さんは、

「栗山くん、栗山くん、大丈夫？」

　栗山くんの肩を叩きながら、枕元にあるスタンドの明かりを点けると、

「うん、大丈夫だよ。僕、もう大丈夫」

　ニッコリ笑いそう言った栗山くんは、次の瞬間、白目を剥いて泡を吹き、仰向けにひっくり返った。

「栗山くん、栗山くん」

　頬を叩いても意識は戻らない。脈診をすると明らかにおかしい。

すぐに同僚を呼び寄せ、栗山くんを担架に乗せると集中治療室に向かった。

酸素マスクをつけ点滴を施し、亀田さんは栗山くんに付き添った。

数時間後、栗山くんは意識を取り戻し、ゆっくりと瞼を開くと、

「お兄さん、僕もう大丈夫だよ。病気、治った」

その口調はか細い声ながらもはっきりとしたものだった。

安心し、集中治療室のスタッフに彼のことを任せると、亀田さんは小児病棟に戻った。

「栗山くん落ち着いて良かったね。でも、どうして容体に気づいたの？」

ナースステーションに着くなり同僚はそう言ってきたが、栗山くんとの約束や閃光の話をしてもややこしくなるので、たまたま見回りしていたら発見したとだけ告げた。


夜勤を終えた翌々日に出勤すると、小児病棟には元気に走り回る栗山くんの姿があった。

そしてなんと明日退院との知らせを聞いた。

栗山くんが患っていた完治が困難とされる病が彼の身体から跡形もなく姿を消したというのがその理由だった。

担当医が言うには、いかなる検査をしても数値を見てもどこにも病原の存在はなく、これといってどの薬が効いたとも判断しかねるとのことで、奇跡でも起こったのかと首を傾

げていた。

　退院当日、栗山くんと叔母とで荷物を纏めていると例の手帳がベッドの脇から顔を覗かせた。亀田さんがその様子を側から見ていると、

「亀田さん、これ預かっててよ。僕みたいにこれを読んで治る子がいるかもしれないでしょ？　だから持ってて」

　そう催促されたのでポケットに仕舞い込んだ。

　そして叔母に手を引かれた栗山くんは、大きく手を振って病棟をあとにした。


「あの光はなんだったのか？　不思議でなりません。車のライトが入り込んだとも思えないんです、病棟も五階にありましたし。ヘリコプターだとしたら音が聞こえるでしょうしね。だいたい、他の子が目を覚さなかったというのがね。あと、彼の病いの根治とあの閃光の因果関係はあるわけがないと、職業柄自分に言い聞かせています」

　さらに不思議だけど決して嫌な経験ではなかったと締めくくった亀田さんは例の手帳を今でも持っているという。

　だが、なにが書いてあるかさっぱりわからないので、栗山くんの言付けを実行するには至っていないそうだ。

廃墟に巣食う

かれこれ四十年ほど前に、渡井さんが経験した話である。

「廃墟って色々な後付けの噂が重なって、心霊スポットになりますよね、でもそのほとんどが嘘でしょ？　徳光さんは同世代だからわかると思うけど、自分らが子供だった頃って、秘密基地にそういう所を使ってませんでした？」

思い起こせば渡井さんの言う通りで、確かに子供は秘密基地のような場所を持っていて、それはそういう廃墟だったりした。私の地元にもそういう廃墟があった。まあ「基地」なんて名ばかりで、そこで漫画を読んだり駄菓子を食べたり缶蹴りをしたり、というような場所だったが……。

おおむね立ち入り禁止の場所だし、何より誰かの所有物件なので、結果、出入りしているのがばれて、親にこっぴどく叱られたりもしたものだ。

思い出に浸るのはこのくらいにして、渡井さんの話に戻ろう。

渡井さんの地元には「M」という二階建ての廃レストランがあった。営業している頃に何度か家族で訪れたこともあったのだが、渡井さんが小学校の上がるくらいの頃に突然閉店し、そのまま放置されていた。

「家でも病院でもレストランでも不思議なもんで、人の出入りがなくなるとどんどん朽ちていきますよね？　本当にわずか数年でボロボロになってましたよ」

渡井さんの言う通りで、科学的根拠があるのかを一度専門家に聞いてみたい。

たびたびの脱線失礼……。

小学校高学年になった渡井さんや仲間たちは、その朽ちていった「M」に出入りするようになった。だいたい決まって放課後、そこに集合する。ジャンケンで負けた者が駄菓子屋に買い出しに行き、それをみんなで頬張りながら、なにをするわけでもなく他愛のない時間を楽しんでいた。

そしてある日のこと。いつものように「Mで集合」と約束をして学校を出た渡井さん。「M」に到着するとまだ誰も来ていなかった。「なんだよ、みんな遅いなあ」などと、二言三言ブツブツ言いながら二階へと階段を上っていると、ドタドタと走り回る音とキャッキャといった聞き覚えのない子供の声が上から聞こえてきた。

階段を駆け上がり二階フロアに到着すると、その音とその声はピタリと止んだ。

「んっ？」

見回しても誰もいない。

ただ、人の気配と視線を感じる。

（えっ？　お化け、出るようになったの？）そう思い、背筋に冷たいものを感じていると、端にある円柱の後から、黄ばんだランニングを着た幼女が顔を覗かせた。

ニッと幼女は前歯のない口を大きく開いて笑顔を見せると、再び走り出した。するともう一本ある円柱から、鼠色のシャツを着た幼女が顔を出した。そして二人は追いかけっこをし始めた。

「％＆！％＄！」

さらに厨房だった奥の場所から、聞いたことのない言語で怒鳴る男の声が聞こえてきた。

（幽霊じゃなくて、人間？　しかも日本人じゃない？）

唖然と見ていた渡井さんだったが、幽霊じゃないということでなぜか安心してしまい、子供たちの追いかけっこに混じって走りだした。

厨房だった場所からは、焦げ茶色のジャケットを着た大人の男と紫色のカーディガンを羽織った女が現れた。なんとなくであるが、彼らは家族のように見えた。

「アナタ、ナニシテルデスカ？」

男は片言の日本語で話しかけてきた。ただ、その声色は先ほどの怒鳴り声とは違い、穏やかなものだった。

「ここは僕たちが秘密基地にしていて」

渡井さんは立ち止まり、そう言ってみたが「秘密基地」の意味がわかっていないようで、男は首を傾げている。

機転を利かせ「僕たちが遊び場にしてるんです」と言い直すと、

「アー、ココデアソンデルデスネ。ワタシタチ、イクトコロナイカラココニキタ。イッショニアソビマショー」

笑顔で言うので、悪い気にはならず、渡井さんは大きく頷くと再び二人の幼女たちと追いかけっこを始めた。

汚い身なりの家族だがその笑顔はとても温かいものだったので、打ち解けたような気がした。

「渡井～、渡井～、いるの～？」

階下から仲間の声が聞こえてきた。

「遅えよ、なにやってんだよ」

そう不満を大声で口にした後、

「お前ら、上がって来いよ！　紹介したい人たちがいるよ！」

と続けて言うと、その四人の家族たちはスッと柱の影に隠れてしまった。そして男は顔を出すと唇に人差し指をあて「内緒にして欲しい」と言う合図を渡井さんに送った。

仲間は二階に上がってきたが、渡井さんは慌てて一階へと連れて下りた。

「なんだよ、来いって言ったのに～」

そういう彼らだったが、一階でいつものようにダラダラとふざけあっていた。しかし、隠し事をしていることで、渡井さんは妙にソワソワしている。

ただ仲間はそのことに気付いていないらしい。

陽も暮れ、そろそろ帰ろうと「M」から出たが、渡井さんは忘れ物をしたと嘘を言い、一人引き返して二階へと様子を見に行った。すると、

「アナタ、ヤサシイ。ミカタ」

男は二階で渡井さんを待っており、薄汚れた手で握手をしてきた。秘密基地以上の秘密ができたことに、なにか嬉しさを感じた渡井さんはその手を握り返した。

それから数日後の休日。

〈ウー、カンカンカンカン〉と「M」の方から消防車のサイレンが聞こえてきた。

渡井さんは父親と、野次馬よろしくサイレンの音を追った。

すると「M」の四軒隣にある木造アパートが大きな炎を上げていた。次々と運び出される住人は救急車に乗せられ搬送されていった。呆気にとられ、その状況を見つめていると視界にあの夫婦の姿が入った。その炎に照らされた表情はまったくの無表情で、ただただその状況を見つめているように見えた。

翌日、いつものように仲間と下校時に「M」に行くと、そこには熱で変形したプラスチックの茶碗や食器がいくつか転がっていた。

「なにこれー」

仲間の一人が声を上げ、しげしげと見ている。

「これって、昨日の焼けたアパートのじゃねえか？」

もう一人の仲間が声を上げた。ただ、それほど関心があったわけでもなかったらしく、それらを蹴り散らかすと、駄菓子を頬張り出した。

「もう帰ろーぜ！」

陽が暮れてきたのもあり、誰かがそう言うと皆で帰路についた。

そしてさらに数日後、「M」から少し離れた線路沿いのアパートでも火災があった。

その翌日、「M」に行ってみると、少し焦げ臭いがこもっている。鼻を利かせて臭いのもとを辿ってみると、円柱の後ろに半分焦げたような状態の食器棚が置いてある。その中には先日仲間が蹴り散らかした、熱で変形したプラスチックの茶碗や食器が収められていた。

「これ、絶対に誰かが運んでるだろ？　アパートに放火して盗んでるんだよ、きっと。でもこんなもん盗むって、どんなせこいヤツなんだよっ」

仲間の一人がバカにするような口調でそう言い放ち、食器棚を蹴飛ばすと笑い声を上げた。すると、

「ウルサイ、ウルサイ。アナタタチ、ナンデスカー」

あの男性がどこからともなく現れて、その手に持った錆びた包丁を振り上げて襲いかかってきた。

「うわー、なんなんだよ。逃げろ！」

その場にいた仲間たちは恐怖に慄き、階段を駆け下りると蜘蛛の子を散らすように建物から逃げ出した。

しかし渡井さんは、あの家族に対してなにか申し訳ない気持ちになったので、一人引き

返してみた。

「あのー」

二階に恐る恐る上がりながら、渡井さんが弱々しく声をかけると、

「アナタワルクナイ、アナタワルクナイ」

男性はひょっこりと顔を出すと、笑顔を見せた。

「デモ、モウアワナイ、サヨナラ」

そう言って手を振ってきた。

渡井さんも（そうだな）と思い手を振り返し、建物を再び出ると自転車に跨り家に帰った。

帰宅後、夕食をとっていると、

〈ウーウーウーウーウーウー〉とパトカーのサイレン音が響いた。どうやら「M」の方に向かっているようだ。

「最近物騒だな。いったいなにが起こってるんだ」

父親はそう口にし、野次馬に行く支度をしたが、渡井さんは乗り気にならず、同行をやんわり拒否して部屋に篭った。

翌日学校に行くと、食器棚を蹴飛ばした仲間が誇らしげに、

「昨日、Mにおかしなヤツがいて、包丁で追いかけられて逃げて帰ったんだよ。したら父ちゃんが警察に電話して、警察がMに行ったんだよ。サイレンの音聞いただろ？　でな、その後が怖くてさー、俺たちを追いかけてきたおかしなヤツはいなくて、子供の死体が二つあったらしいんだ」

と話している。

「えっ？　子供の死体？」

思わず聞き返すと、

「うん、子供の死体。俺たちなんにも知らないで、あそこで遊んでたんだぜ、怖えーよな。でもあの包丁振り回したおかしなヤツ、どこに消えたんだろうな？　あいつが殺したんじゃねえのか？」

そう言って身体を震わせた。


二週間後、この話をしていた仲間の家が全焼し、彼は焼け跡から焼死体で見つかった。

そして、あの男性と女性の消息は掴めていない。

さらに「M」で見つかった子供二人の遺体が誰なのかということもわかっていない。

「偶然だとしても、小さな田舎の町でわずか数ヶ月の間に凄いことが起こりすぎじゃないですか？　自分としては怪談にしか思えなかったんですよね」

渡井さんの言うとおり、これは形を変えた怪談だと思う。

常識の違い

佐久本さんはある焼却施設で仕事をしていたことがあった。

「もう本当にすぐにやめちゃったんです。仕事が辛いとかそう理由じゃなく、ちょっとついていけないな〜と思うことがあって」


Ｘ県の山奥に、その焼却施設はあった。

ゴミ収集車が運んできたゴミを焼却し、異常はないかとその見張りや点検などをするのが佐久本さんの役目だった。

仕事を始めて二週間後。焼却炉を覗いていると、炎の中からもがき苦しむような腕が見えた。しかも一本や二本ではなく、無数にそれは蠢いていた。

「異常有りです！　人が紛れている可能性があります！　直ちに火を止めないと」

先輩格である飯田にそう言うと、

「いいから気にすんな、なんでもないべ」

薄ら笑いを浮かべて取り合おうとしてくれない。さらに、

「ほら、見てみろ。もうなんでもないだろ？」

と続けた。

確かに、佐久本さんがもう一度見直してみると、炉の中の炎は普通に燃え盛っているだけだった。

錯覚だったのか？　いや、錯覚だろう。

そう自分に思い込ませ、その日はそのままやり過ごした。

それから六日間「それ」を目にすることはなかったのだが、翌週の同じ曜日に再び「それ」が炎の中で蠢いているのを見てしまった。

「なんなんですか、あれ？　絶対になにかありますよ。よく見てください、飯田さんにも見えてるんでしょ？」

声を震わせ、飯田に同意を求めると、

「いちいちうるせえなー、そんなの気にすんなって。人間が入ってるわけねえだろ」

飯田は鼻をほじりながら面倒臭そうに返してきた。

「じゃあ、なんなんですか、あれは？」

佐久本さんがなおも食ってかかると、

「おめえもこの仕事やるんだったら慣れろ。あれは、卒塔婆《そとば》を焼いてんの。あっ仏壇もだっけか。死んで焼かれて、なおもゴミと一緒に燃やされるなんて、とか思ってたりするの？　まあ口はきけねえから、あんな風に出てくるんじゃねえ？　グフフフ」

下卑た笑い声を上げると、エロ漫画を読み出した。

「ええ？　卒塔婆や仏壇を焼却炉で焼いてるんですか？　いいんですかそんなことして」

さらに食い下がると、

「そんなの俺にもお前にも関係ねえだろ。いろいろ事情ってのがあるんでねえの？　俺たちは、ただ仕事だけしてればいいんだっぺ」

飯田は佐久本さんと視線も合わさず、ニヤニヤとエロ漫画を眺めながら吐き捨てるように言った。


その翌日、飯田ではなく上司にそのことを話したが、

「それぞれ事情があるんだよ、詮索なんてするな。じゃあ、お前がその卒塔婆と仏壇集めて、お前ん家で供養すればいいじゃねえか？」

と、逆ギレともとれる理不尽なことを言われた。

「そういうことですか。ちょっと自分の常識では理解できないので、辞めさせてほしい」

その場で辞表を書き、すぐに受理されるとその場を後にした。

そして帰り際に飯田とすれ違ったのだが、

「おめえもよ～、あんな燃やされ方しねーように生きるっぺよ、グッシッシッシッシ」

言い放たれて肩を叩かれた。


「あのもがき苦しむような腕が怖いと思ったんですけど、ああいうことを平気で言える飯田や上司の非常識さが怖いですよね？」

佐久本さんは思い出し、怒りというのだろうか眉を痙攣させながら同意を求めてきた。

「いや、彼ら以上に、卒塔婆をゴミ収集車に出してしまう坊さんや、仏壇をほっぽり出してしまう遺族の方が怖くないですか？」

私がそう返すと、ハッと気がついたような表情を浮かべた。さらに、

「飯田って人が言っていた、あんな燃やされ方しないように、という言葉は、実に的を射たものだと思いますよ」

と続けると、

「確かに」

と言ったまま絶句した。

許せない出来事

郷野さんは実家暮らしをしていた頃に犬を飼っていた。

コロンという雑種で人によく懐く中型犬だったのだが、一方で怪しさを察知すると烈火の如く吠えまくる、番犬としても大変優秀な犬だった。


ある晩の真夜中、コロンが急に吠え出した。コロンがいるのは一階のリビングで、郷野さんをはじめ家族が寝ているのは二階。郷野さんは飛び起きると、階段を駆け下り、泥棒でも入ったのかとバットを片手に各部屋を見回った。しかし、誰もおらず、不審者が庭にいるのかとカーテンを開けて確認しても異常はなかった。

「コロン、大丈夫だから、寝ようね」

頭を撫でて落ち着かせると、コロンは「クゥンクゥン」と小さな鳴き声を上げるとともに、寝息を立てはじめた。

だが翌晩の真夜中になるとコロンがまた吠え出した。同じように階段を駆け下り、バットを片手に各部屋を見回っても異常はなく、カーテンを開け確認しても人影があるわけでもなかった。

そんな夜がしばらく続き、コロンを連れて動物病院の先生に相談をしに行ったのだが、解決策らしい解決策を聞き出すことはできなかった。

何か不安要素が出てきているのかもしれないので、暫く一緒に寝てあげてはどうかと提案されたので、郷野さんは自室にコロンを連れてきて、一緒に寝ることにした。

しかし、夜中になるとコロンは起き出し、リビングに下りて吠え出してしまう。

ある日の朝、郵便受けに「うるさい、しっかりしつけろ、殺すぞ」と乱暴に書かれた一枚の紙切れが投函されていた。

確かに夜中に吠えていることで迷惑だと思う人がいるのはわかる。申し訳ない気持ちにもなったが「殺すぞ」という言葉は脅迫以外のなにものでもない。警察に問い合わせて伝えてはみたものの、これだけでは動きにくいとの返答しかもらえなかった。

その晩、郷田さんはコロンが寝室から出ないように部屋の鍵を閉め、一緒に眠りについた。

「きゃーーー」

翌朝、母親の叫び声で目を覚ました。

「なに、なに？」と、寝ぼけたまま部屋を見回すとコロンの姿がない。

階段を駆け下りてリビングに行くと、横たわって動かなくなっているコロンの姿と、その前で青ざめている両親がいた。

コロンの体の横には、一枚の紙きれが置かれている。

「お前が悪かったのだ」

乱暴に書き殴られた言葉——その筆跡は、以前に投函された脅迫文と同じだった。

すぐに警察に電話をし、現場検証もしたのだが、家の中から家族以外の指紋も足跡も毛髪も検出されることはなかった。

「コロンはなにに怯えてなにに殺されたのか、まったくわからないんです。でも本当に許せなくて。紙切れの意味はなに？　コロンになにをしたの？　どうしてあんなことが起こったの？　とやり場のない怒りと恐怖に家族全員が辛くなってしまって。それから半年も立たないうちに引っ越しました」

郷田さんはそう言って涙を拭った。

不可解すぎる出来事ではあるが、コロンはなにかから郷田さん家族を守ってくれたのに違いない、と私は思った。

しかし……殴り書きされた紙切れの存在は、どう考えたらいいのか。

そういった考えをすべて打ち消してしまうことを、あえて郷野さんには伝えなかった。

岩井志麻子×徳光正行×平山夢明

小説家『「超」怖い話』や『東京伝説』など実話怪談で多くの人気シリーズを手掛ける。今回は著者ふたりの希望もあり、ゲストとして登場。

徳光：「凶鳴怪談」も二冊目になりましたね。いつもイベントでもお会いしていますが、あえて〈怪談〉というテーマで話をすることはあまりないですもんね。今回はサブタイトルの「呪憶」もあるのでそちらの方にも寄れるといいかなと。

岩井：普通に日常が〈怪談〉といってもいいからねえ、私ら。

徳光：それはそうと、最近あんまり外に出ていないから、変な人にあまり会うこともなかったんですが、今日ここに来るのに地下鉄から出て歩いていると、地面に座ってご飯食べてるホームレスっぽい人がいまして。ただ、そのお弁当がカワイイお弁当箱に入った、ちゃんとした家庭で作られたようなのだったので、ちょっと二度見してしまいました。前回対談した時の道すがら、宙に数式を書いて解いている人がいましたけど、それに比べればインパクトはだいぶ弱かったですが。こういう時だから、路上で倒れている人でもいるのかなと思って心配したら、お弁当でしたからね。なにやら不思議な感じがしました。

岩井：私は家が歌舞伎町なのでヤバい人がいっぱいいるんですけど、大きな声で独り言を言っているおっちゃんというのが、思い出したようにやってくるんですね。三日連続で来たかと思うと一週間来ないというような。ふと気がついたのが、もう一年以上そのおっちゃんは来ているわけで、ということは、帰る家があって、ご飯を食べさせてくれる人がいるってことですよね、一年無事にここらあたりに来るということは。そこそこ普通の格好の人でね。家でどうしているんだろう、家でもあんなんだろうか。

徳光：それか、岩井さんの家の近所を聖地として、そこでだけ大声でつぶやくとか。ある種の条件付けがされてたり、その地域に入った瞬間になにか周波数が来る、みたいな。

岩井：そう言われれば、場との相性みたいなものがあるかも。私、どうしてかわからないんだけど韓国のソウルのとある日本料理店に入ると、なぜか一緒に来ている人に、隠しているることをしゃべっちゃったり言いたくなかったことを言っちゃったりする。本当にわからないのだけれど、あの場所だと告白したくなる。なんでこんな正直にこんなこと言っているんだろうって、話しながら思っていたりする。なにかの化学反応的なものがあるのかな。エリアに入るとその人にしかわからない周波数をキャッチしてしまうように。

徳光：霊感などというのとは抜きにして、そういうのはあるんじゃないかと、僕は信じたいです。場所とかの相性が合って、普段しないことをしてしまうみたいな。

岩井：場所とその場にいる人の行動の違和感が印象的で、覚えていることがある。前に渋谷の映画館で、私の席の近くにチーマーみたいなやんちゃなニイちゃんがいて、映画が始まる前に一緒にいた連れが何か食べ物の袋を破るような音がしたと思ったら「ぼくさ、人前でご飯食べる人、許せないんだ」って言ったんですよ。こいつ、おぼっちゃまかぁと思って。彼にふさわしい言葉遣いだったら「俺、人前でメシ喰うやつ許せねえんだよ」だと思うんだけど、あ、ご飯って言うんだ、メシって言わないんだって気になっちゃって、その不釣り合いな感じのせいで忘れられない。

徳光：ホラーとかもギャップっていうのが怖いにつながりますからね。バランスを欠いている、歪みというか、日常で起こりえないことが起こった時が怖いんですもんね。

岩井：ホラーではないけれど――いや、ホラーかもだけど、先日知り合いの編集者と下町の商店街にお買い物に行きまして、ヒョウ柄の服を探していたんです。そうしたらお店の人が「まあ、ヒョウ柄が好きなのね、イワイシマコさんみたいねえ」と言ったんで「岩井志麻子です」と言ったら「またまた〜」と言ったからマスクを取ったら「ギャー」って。彼女の日常に私みたいなのが突然出たもんだから、びっくりしたやろうね。これ、怖いバージョンもあり得るよね。まさかこいつ私のストーカーじゃないよなという疑わしき男がいて、そうしたら「そうですよ、ストーカーですよ」と目の前に現れるみたいな。

徳光：福田和子だってたくさん言われていたと思いますよ、捕まるまで。「あれ、フクダカズコじゃない？」って。でも彼女の場合は「そうですよ」とは言えなかったでしょうけど。

おまけ怪談

同じこと

徳光正行

今から十年ほど前、若葉さんが一人暮らしをしていた頃の話。いつものように仕事を終えてアパートに帰宅し灯りをつけると違和感が……。

ベッドとテレビの配置が変わっていたのだ。そして真ん中に置かれたテーブルに「こっちの方が良いよ」と殴り書きがされていた。

それ以来、なにも変わったことは起こらず——たった一度、たった一日だけの出来事だった。そしてこの話を、今の奥さんにしたことがあるのだが「私もまったく同じ経験があった」と奥さんは唇を震わせた。

結婚して五年、若葉夫妻の家には、まだ「同じこと」は起こっていない。

岩井：記憶って、月日が流れたある日、「あれは本当だったんだろうか、私は作ったんだろうか、テレビかなんかで見たんだろうか」とごっちゃになってることがあるんだけど。小学生の時のことなんだけど、岡山の実家で、テレビを見ていたらドキュメンタリーみたいな「鉄道事故が起きて、負傷した人が運び込まれてきます」というのが流れてきた。そうしたら画面いっぱいに、腿から切断された人が映ってね、しかも切断面から内臓のようなものがモニョモニョ出ている。びっくりしたからよく覚えているんだけど、大きくなってから、テレビでそんなものを映すかいなと思ったのよね。あれ、なんだったのかなあ。

徳光：でも時代によったらあったのかもですよ、昔は三島由紀夫の遺体とかアイドルの自殺遺体とか、雑誌では載せたりしたし、テレビでも取りあげていたし。

岩井：でも、あんな生々しいのをテレビでやれるかなあ。

徳光：日航機事故の時とかどうでしたかねえ。

平山：あ、空撮だったし報道規制かかっていたからね、なかったと思うよ。米軍が回収してたし——雑誌ではあったかもしれないけどね。

岩井：報道といえば。韓国でちょっと話題になっている事件があって、韓国では日本でいうアパートのことをヴィラと言うんですけど、ヴィラの一階にお祖父ちゃんお祖母ちゃんがいて、二階に娘夫婦が住んでいたんだけど、娘夫婦が離婚して、娘は子供を放ったらかしで家を出て行っちゃって、ミイラ化した子供が見つかるわけです。ところがDNA鑑定をして「あれ？」ということになった。なぜかと言うとその子がお祖母ちゃんの子供だとわかったから。世間がお祖母ちゃんと娘と孫と思っていたのが、お母さんと娘二人だった。
平山：どんぶり事件だ！
岩井：お祖母ちゃんと言っても五十歳前だったりするんですが、父親は誰かというのがわからない。そして、当人は「私は産んでない」と言い張っているわけです。
平山：じゃあどうやって出てきちゃったんだよねえ。
徳光：いや、問題はそこじゃないですから（笑）
岩井：でも本当にお祖母ちゃんは「自分は産んでない」と思っているのかもしれないじゃない。記憶って怖いなと思うのが、私、人から聞いた話を誰かに話す時、嘘をつくつもりでなく説明するのが面倒臭いので自分の話のようにすることがあるんだけど、話をしているうちにいつの間にか私の記憶になってしまっているということがたまにある。
徳光：反対に、自分の体験談を人から聞いた話のようにすることもありますよね。
平山：それはあるね。俺はこうでさ！　っていうより、信ぴょう性も高まる気がするよ。客観的になれるところもあるからね。記憶って、警察にしても証人証言というものの八十パーセントはあてにしないいんだよ。証言の場合に一番重要なのは、その人が最も大事に思っているモノについての話しか信用してくれないんだよ。例えば服に興味のある人は服、女に興味のある人は女、それしか信用しないんだよ。

岩井：それで思い出したのは、韓国の連続殺人鬼の取材で、講談社の人と十年前くらいかな、一緒に行ったんだけど、連続殺人鬼を捕まえた刑事と、その上司に会ったんですね。捕まえた方の刑事はね「あの野郎がね、同棲していた女は大したことはないんだけど、妹がいい女でさ、変な気持ちになっちゃったよ」とか言って。そうしたら上司が「あいつ、さえない妹がいたよね。でも同棲相手が美女でさ」と真逆のことを言ったんです。でも両方とも嘘は言っていないというか――本人にとっては好みなんでしょうね。

徳光：にしても、クソみたいな刑事たちですね（笑）。

平山：まあ証言も記憶の一つなんだけど、短期記憶の場合はその場で五分、十分という場合は感覚でしか捉えていないから、音とか色とかにおいとかね。それを証言とする場合に記憶にするんだけど、記憶って編集が入るから。なんで入るかというと、トラウマを排除するためなの。長期記憶になる場合、変なモノを入れるとトラウマ化するから。それを変えるんだよ。本人の検閲が入るんだよ。でも本人にしては間違っていない。

徳光：それでも残っている恐怖のトラウマっていうか、ストーカーされた人の辛い話とかっていうのは、それを上回ったバグが起こったとか言えるの？

平山：繰り返しだったりとか、トラウマ化される記憶が発生するときに脳が弱っているとやられやすい。検閲が働かなくなるというか。

徳光：あ、そうか。行為自体長期にわたっていたりするわけですもんね。ストレスもかかっているし。

平山：でも記憶ってさ、それだけを言うとあいまいなものでさ、俺らだって映画たくさん、ろくでもないのも含めて見るから、ちゃんと見てなかったりするのもあるせいとは思うけど「あいつ、あの時はこうだったよな」なんて話してると時たま食い違ったりしてさ。

徳光：それで言うと、歴史上の人物を書いた文献とかありますけど、フィクションなんだろうなあと思ったりしますね。新選組に特にそう思うんですけど、田舎の暗殺部隊なわけですけど、後世に残っているのはきれいな話なわけですよ。最後まで生き残ったのが永倉新八なんですけど、あの人のいい思い出だけが詰め込まれているのじゃないかなと。その後、作家の方々がドラマチックに脚色して完成形にして今があると。

岩井：そんなこと言ったら、美輪明宏先生が三島由紀夫も私にメロメロだったとか、大御所たちがみんな私にメロメロだったとか言っているけど、死人に口なしじゃない。瀬戸内寂聴先生だってモテモテのプレイガールだったって言っているし、私も力いっぱい長生きして、木村拓哉も私にメロメロでねえとか、嵐も全員私に夢中だったとか言っちゃう。

違う

平山夢明

いつもは明るいIさんが、いつになく暗い顔をしていた。「どうしたんだ」と水を向けると年頃の娘がおかしいのだと云う。Iさんの娘さんは去年、二日だけ家出をした。未成年ではあったが短期の家出だったので警察も簡単な事情聴取だけで公にせず処理された。

しかし、娘さんからは家出のハッキリした原因も聞き出せなかった。夕方、窓から外を見ていると〈懐かしい人〉に呼ばれたので出て行ったのだという。それが一体、誰なのかという問いにも明確な返事はない。本人にも記憶は茫洋《ぼうよう》としていて、あまり強く問うとぼろぼろと泪を零し〈おとうさんも、おかあさんも良く知っている人〉とだけ云う。いちいち知り合いの名前を出して問うても、誰だとは本人にもわからないようだった。「輪郭のぼうっとした顔」だったのだという。

あまり刺激をしてまた家出でもされてもと、暫くソッとしておくことにした。周りもそれを勧めた。家出の前後から別段、娘さんに変わった素振りはなかったからだ。

が、最近、娘さんが〈おかしい……おかしい〉と呟いている。「なにがおかしいのだ?」

と訊くと『こんな顔ではなかった』と自分の顔を指さし云う。両親は笑ってあれこれと娘が写った写真を見せ、同じ顔だというと、娘さんは深刻な顔で「違う」と呟く。その様が真に迫っていて「恐ろしい」のだとIさんは云う。
最近ではIさん夫婦を見て。娘さんは「……違う」と云う。

岩井：私は子供の頃は、地味で目立たなくておとなしい子だったたんです。と思っているんですよ。でも同級生たちは「志麻子は昔っからあんなんだったからなあ」っていうわけですよ。変なヒョウのおばさんのイメージが上書きされて、小学校の頃からそんなだったという風に思われている節があるんですよね。私、めちゃくちゃ地味でおとなしい子だったと自分では思っているんですけどねえ——。
平山：俺さ、怪談の取材をしていた頃のことなんだけど、女の人なんだけど、喫茶店で話を聞かせてもらっていたんだよ。でもそれほどすごい話でもなくて、使えないかなあなんて思ったんだけど、じゃあもう帰ってと言うわけにもいかないから「コーヒーまあ飲んで」なんて言っていたら「変な話していいですか？」って言い出して。「私、小さい頃に弟がいた記憶があるんです」と。彼女はずっと一人っ子なんだけど「え？　幽霊なの？」と訊いたら「2と書いたプレートのあるケーキで、弟の誕生日をお祝いした記憶があるんです」っていうの。でも家の中に一切、弟がいた痕跡なんかはないの。親にも訊いたんだけど「そんなのいないよ」って言われて。戸籍にもないの。あれ奇妙だったなあ。

岩井：日本であった事件なんだけど、幼い子供二人がフラフラ歩いているのが保護されて、警察官が家に連れて帰ってきたらいろんなことが発覚するの。住所の台帳を見たら、その家には五歳になる女の子がいるはずなんだけど、そんな子はいなくて新生児がいる。夫婦が「この子です！　この子が五歳の次女！」って言い張る。おかしいと思って警官がその新生児を調べたら、なんとち○こがちゃんとついている。その子は男児で五歳の次女なんてとんでもない。でも戸籍を調べたら男の子の出生届は出ていない。つまり、五歳の次女っていうのはすでに死んでて庭に埋めていて、新生児をその娘の代わりにしようと出生届も出さなかった。性別が違うのに、育ってきたらどうするつもりだったのか。

平山：雑な数合わせだねえ。

徳光：でも性別が同じだったら結構わからなかったかもしれないですよね。

平山：三、四年の差だったらわからないよね、栄養失調だとか、病気で小さいんだっていえばごまかせちゃうよ。性別が一緒だったらほんとわかんないよ。そしてどんどん食わせて大きくしちゃえばいいんだよ。

岩井：だから、さっき平山先生がおっしゃってた「二歳の弟」ってのは、本当にいたんじゃないかしら。
徳光：それは事件ですよね（笑）
平山：確かにね、記憶って固定されていないからどんどん変化するんだよ。記憶でいうと、きょうだいで、昔住んでいた家の見取り図が違うってことがあるんだよ。「ここにトイレあっただろ」「いやこっちだよ」みたいな。でもおんなじ家に住んでたんだよ。
徳光：まさに！　うちも家の話でそういうのありますよ。
平山：徳光家ってでかいんじゃないの？
徳光：親父がフリーになる前はそうでもなかったですよ。３ＬＤＫの一戸建て、サラリーマンの時に建てた家ですね。その家に、母親が裁縫をする部屋っていうのがあったんですよ。その部屋は兄貴の部屋の奥にあって、兄貴の部屋を抜けていくわけです。だけど、その部屋のことを兄貴は全然おぼえていないんですよ。そんな部屋なんてなかったって言うんです。兄貴の部屋を通らないとその部屋には行けないのに。僕ら兄弟はもともと同じ部屋だったのが、兄貴が中学生になった時に部屋を増築してそれぞれ一人部屋になった。そして兄貴の部屋のドアを開けて入って突き当たりの引き戸を開けると母親の裁縫部屋になるんですけど、兄貴にはその記憶が完全になくなっているんですよ。
平山：俺んち、アパートじゃなくて住んだ部屋は薪風呂だったんだよ。

岩井：私の実家もそうだったですよ！　幼き頃、五右衛門風呂でしたよ！
徳光：いやいや、岩井さんは岡山だからわかるけど、平山さんは川崎ですよね？
平山：うちは五右衛門風呂ではなかったけど、薪だったんだよ。炊口は外じゃなく土間のところにあってね。でもその風呂のこと、うちの妹には記憶がないんだよ。そんなのじゃなかったって。
徳光：兄貴も妹さんも、僕らとは違う記憶を生きているってなんとも奇妙ですよね。

おまけ怪談

たぶん凌遅刑

岩井志麻子

沖縄の離島で小さなカフェを経営する哲さんは、前世は凌遅刑《りょうちけい》で死んだという。生きた罪人から少しずつ肉を削ぎ、苦痛を長引かせ、すぐには死なせない残酷すぎる死刑だ。
「その記憶が、あるんですよ。苦痛そのものより、見世物にされ引きずり回された街道の景色や、ぼくを削いでいく処刑人の刃物、野次馬達の喧噪、何よりもすでに半ば死んでいる自分が見ていた青空と、その向こうに透けていた来世を鮮やかに覚えています」

哲さんは子どもの頃からその前世の記憶があり、たまたま本で凌遅刑の写真を見て、これは自分だと思った。成人し、バックパッカーとして沖縄の離島に渡ったとき、ここは前世の自分が死の直前に見た場所だとわかったそうだ。

観光客から現地のバイト店員、そして自分の店まで持った哲さんは、離島に住み着いて二十年近い年月が流れたが、そろそろまた死期が近づいてきた、と笑う。哲さんはまだ四十代半ばだし、健康だ。だが、最近は来世の自分がまた見え始めたという。

「緑の黒髪の美しい乙女として、もっと南の国に生まれ変わります」

現世の死は何によってもたらされるのかは、哲さんは答えてくれない。

「志麻子さんは、前世でもぼくの死を見つめてましたね」

私は、前世で野次馬だった記憶も処刑人だった記憶もないのだが。

凶鳴怪談　呪憶

2021年5月5日　初版第1刷発行

著者……………………………………………………… 岩井志麻子、徳光正行
企画・編集 ……………………………………………中西如（Studio DARA）
カバーデザイン ……………………………… 荻窪裕司（design clopper）

発行人……………………………………………………………… 後藤明信
発行所………………………………………………………… 株式会社 竹書房
〒102-0075　東京都千代田区三番町８－１　三番町東急ビル６F
email：info@takeshobo.co.jp
http://www.takeshobo.co.jp
印刷所…………………………………………………… 中央精版印刷株式会社